마음을 담다, 참
괜찮은
말

마음을 담다, **참**
괜찮은
말

김정기 지음

시간
여행

공감과 공격 사이

"그러게요, 좀 힘드네요."

미술심리치료사로 일하던 어느 날이었다. 한 아이를 1년 넘게 만나고 있었고 아이의 주의력 결핍 과잉행동 증후군(ADHD)은 아이보다 가족에게 버거웠다. 오랜 기간 엄마의 고충을 상담하며 신뢰롭고 친밀한 관계를 형성하였다. 엄마의 풍부한 자원은 주로 아이를 자신의 틀에 끼워 맞추는 데 사용하였지만 인식하고 애쓰려는 그녀의 태도를 지지했다. 치료사로서 아이를 위한 최상의 환경이 되어주려고 마음을 다했다. 그러나 슈퍼비전과 사례연구를 통한 지속적인 노력에도 불구하고 점차 소진되었다. 그날도 아이 엄마는 변함없는 완고한 틀로 실패한 경험을 쏟아놓은 후, 나에게 말했다.

"선생님, 힘드시죠?"

힘들었다. 긴 터널같이 느껴져 소진되어 있었다. 전문치료사의 길을 시작한지 얼마 되지 않았던 그 때, 자기 틀이 확고하여 병원 처방과 치료사와의 상담을 선별적으로 비일관되게 받아들이는 아이 엄마의 말에 무의식적으로 반응했다. 그 날 이후 아이는 치료실에 오지 않았다. 나의 대답으로 인해 오지 않는다는 것을 직감할 수 있었다. 연락이 닿았을 때 엄마는 다른 이유를 대며 치료를 종결하고 싶다고 했다.

그날 나의 말과 우리의 대화에 대해 이야기를 시도했으나 종결의 이유가 아니라며 피했다. 친밀감과 신뢰감이 형성되었다고 생각했던 관계가 오해를 풀 기회도 없이 싹뚝 잘렸다. 시간이 흐른 뒤 아무튼 나의 말이 부적절했음을 고백하고 나니 상대의 마음을 읽을 수 있었다. 나와는 견줄 수 없는 복잡한 감정으로 그녀는 심리적 지지대에서 미끄러진 듯 좌절했고 마음 아팠을 것이다.

초보 치료사 시절 겪었던 쓰린 경험으로 나는 말의 힘이 너무나 강력하다는 것을 알았다. 말의 의도와는 전혀 다르게 작용하여 엉뚱한 방향으로 상황이 전개될 수 있음을 새삼 깨달았다. 말로 마음 속 소망을 다 불러일으킬 수도 있지만 마음을 찢고 관계가 끊어질 수도 있다. 살다보면 예측하지 못한 일을 만난다. 모든 상황을 통제할 순 없지만 적어도 말에 휘둘리지 않는다면 젖은 휴지처럼 속수무책이진 않을 것이다. 그

것이 내 말이든 상대 말이든.

　말에 휘둘리지 않는다는 것은 단순한 말 표현의 차원을 넘는다. 마음을 나누는 대화이며 이러한 소통은 관계의 핵심이다. 말에 휘둘리지 않는 방법은 말을 잘 하고 잘 듣는 것뿐만 아니라 마음을 지키고 말 이면 즉 그 사람 내면에 귀 기울이는 것이다.

　사람의 심리를 다루는 심리치료를 전공하고 전문 상담가로 많은 사람들을 만나며 마음을 알아가는 작업을 끊임없이 하고 있다. 생각보다 많은 이들이 소통에 이슈를 갖고 살아간다는 것을 알게 되었다. 말에 연연하고 말에 맺혀있으며 엉켜있던 관계가 말로 풀리고 새 살이 돋기도 하는 과정을 보아왔다. 이 과정 가운데 크고 작은 마음의 걸림과 불편함이 치유되고 온전한 자신으로 되돌아오기까지 '말'의 역할이 얼마나 중요한지 경험할 수 있었다. 말로 베인 상처로 왔다가 가장 표면적인 말을 통해 결국 회복되어 더욱 단단해지는 과정을 수없이 봐 왔다. 그렇게 회복된 사람의 말은 생명력을 갖게 되어 또 다른 사람을 살리는 역할까지 할 수 있음을 보며 말이 가진 힘에 더욱 매료되었다.

　말은 사람을 담는다. 말하는 본인을 담고 있으며 말을 듣는 입장에서 상대를 담아낸다. 대상관계이론가 비온(Bion)은 담아주기(contain)를 통해 건강한 소통과 관계를 이룰 수 있다고 했다. 말은 감싸안고 담아줄 때 말이 지닌 속성을 제대로 발휘하며 말은 살아있다. 말이 살아있으면 사람이 살아난다. 그러니 겉으로 드러나는 말은 단지 표면적인 것이 아니라 사람의 마음이고 내면이다.

　사람의 내면을 담아 외현화하는 소통 방법이다. 우리는 모두 담아주는 사람(container)이 필요하며 말을 통해 사람의 마음을 담아줄 수 있다. 누군가에게 내가 먼저 담아주는 사람이 된다면 가장 바람직하다. 말을 통해 이면의 욕구를 들어주고 내면을 알아차린다. 이는 개인의 성숙이며 관계의 성장 과정이다. 그러려면 모든 것에 앞서 나 자신과의 돈독한 관계가 우선이다. 내 마음에 귀기울여 듣고 머물러 내가 나를 담아줄 때 가장 나다워진다. 진정으로 나다운 말은 사람을 담아주기에 충분한 조건이다. 마음의 뿌리가 견고해지고 내면의 면역력이 꽉 채워져 어떤 말에도 쉽게 흔들리지 않기 때문이다.

　인공지능(Artificial Intelligence, AI)시대에 살고 있다. 인공지능은 인간의 지적 능력을 인공적으로 따라 만든 지능이다. 인공지능은 현재 우리

삶 곳곳에서 인간을 대체할 뿐만 아니라 기계 스스로 학습하여 인간처럼 판단하고 행동까지 한다.

더 이상 영화에서나 보던 상상이 아닌 인공지능은 편리함을 넘어서 인간을 뛰어 넘을지도 모른다는 두려움까지 갖게 한다. 기계와 전자제품이 모든 것을 알아서 해주기에 사람은 움직일 필요가 없고 만날 이유도 점점 더 사라진다. 이런 시대에 사람을 대면한 소통은 더욱 중요하며 필요하다. 사람 사이의 오가는 감정과 정서적 대화는 더욱 메말라가고 상대를 헤아리고 기쁘게 해주는 마음의 접촉은 배울 길이 없다.

점점 잊혀지고 있는 이 모든 것을 위해 온정으로 표현할 수 있는 말은 우리에게 더욱 절실하다. 사라져가고 있지만 절대 가치임을 누구나 인정하는 사람의 내면적 성숙, 인공지능의 편리함과 대세의 흐름 그리고 돈, 권력을 쫓지만 누군가 꼭 지켜줬으면 하는 세상의 반대 원리들, 사람을 향한 관심과 마음의 조화, 이런 건 여전히 가치롭다. 사람의 창조와 열정, 사람의 양심과 공감은 어떤 것도 대신할 수 없다. 앞으로 훨씬 더 뛰어난 고도의 인공지능이 출현한다 하더라도 사람을 대체할 순 없다. 예를 들어 보자. 사람을 능가하는 인공지능과 상담한다면 어떨까?

당신이 힘들어 울 때 "얼마나 힘드셨어요, 충분히 이해해요."라며 적절한 반응을 한다 해도 진정으로 공감받는다고 느낄 수 있을까?

사람의 내면은 한두 겹이 아니고 두서너 개 이야기로 만들어져 있지 않다. 좌충우돌 사는 동안 실수도 하고 넘어지기도 하며 수많은 감정과 경험이 얽혀 만들어진 세상에 하나밖에 없는 그 사람이다. 어느 순간 모든 호흡과 에너지로 말할 때 정확한 감정을 느끼며 입체적인 메시지를 알아차려 명쾌하게 공감해 줄 수 있는 존재는 사람이다. 로봇이 사람의 소통과 대화를 대체할 수 없는 것이다. 사람의 마음이 만나고 내면이 포개어져 새로운 성장과 세계를 창조하는 사람의 말이 얼마나 중요한지 깨닫는다. 사람을 담는 말에 깊은 관심과 실천이 꼭 필요한 이유이다.

말은 사람과 사람을 연결해 준다. 마음을 이어주는 소통의 핵심이 바로 말이다. 마음이 최종적으로 표현되는 말에는 힘이 있어 그 영향력이 크다. 누구나 말로 인해 힘든 경험이 있고 말을 잘하고 싶어 한다. 진정한 말의 변화는 보다 근본적인 내면의 변화가 필요함을 개인적인 삶과 전문심리상담가로서 체득하게 되었다.

　이 책에는 근본적인 생각과 인식의 변화, 나 자신에 대한 변화와 새로운 시선을 안내하고 있으며 구체적인 실천을 이룰 수 있도록 지지하는 마음을 담았다.

　사람과 사람을 연결하고 마음을 이어주는 소통에서 얼마나 '말'이 중요하고 힘이 있는지에 대해 말하고 있다. 특히 말의 변화는 내면으로부터 이뤄져야 가능하다. 사람의 심리를 바탕으로 하여 말과 사람의 변화 과정을 안내함과 동시에 내면의 중요성과 마음의 원리를 강조한 이유이기도 하다.

　같은 말을 들었는데 어떤 사람은 대수롭지 않고 어떤 이는 위축되며 또 다른 이는 길길이 뛴다. 왜 그럴까? 또한 마음과는 다르게 표현되어지는 말로 왜곡된 상황을 경험하는 경우가 종종 있다. 그래서 마음 같지 않게 말에 서툴러 불편함과 억울함의 고통스런 과정을 겪을 수도 있다. 이럴 땐 어떻게 해야 할까?

　물론 바로 대처할 수 있는 기술적인 말도 필요하기에 응급 처치라 할 수 있는 말들을 제시하고 있다. 그러나 더 본질적인 곳을 바라보고 내면을 먼저 다뤄야 진정한 변화가 이루어진다. 그러므로 좋지 않은 말을 버리거나 원하는 말을 잘 할 수 있도록 내면과 마음을 다스리고 지킬 수 있는 실천방법과 말의 매커니즘을 알려주고 있다. 진정으로 원하는 관계와 삶을 위해 내면을 듣고 읽어줘서 변화되는 과정은 치유의 과정과도 많이 닮았다.

이 책은 내면의 변화로 새로운 말이 습관화되어 삶이 변하도록 함께 걷는 지원군이자 친구가 되어줄 것이다. 단순한 말투로 흉내내기가 아니라 내재화하여 삶의 습관이 될 수 있는 실천방법들을 제시하고 있다. 특히 말의 근원인 내면의 변화에 초점을 두어 마음 즉 태도, 생각, 감정이 움직이는 원리까지 목차마다 표로 정리하고 있어, 한 눈에 이해하고 따라 할 수 있도록 세심하게 안내하였다.

'나도 이런 적이 있는데, 나도 이럴 때 제일 고민이었는데….'라고 느끼며 내면 깊이 묻어두었던 '처리되지 않은 나'를 만나게 될 것이다. 그리고 책을 통해 만나는 내가 공감 받는 경험은 자신이 꽤 괜찮은 사람일 수 있다는 확신으로 다가올 것이다. 확신은 제시된 실천 방법을 곧바로 실천할 수 있는 동기이다. 문제없이 잘 살고 있다고 생각하는 사람에게는 미처 생각하지 못했던 자기 말의 영향력을 깨닫고 자신을 되돌아보는 시간이 되기를 바란다.

그리고 이 책에서는 '이러이러하니 이렇게 해야한다'라고 강조하지 않는다. 개인적으로 해야한다(must) 개념을 지양하기에 당위적 사고와 행동 결과에 초점을 두지 않았다. 고치고 변화하려는 애씀에 앞서 먼저 자신을 잘 알고 믿으며 인정하고 수용하는 과정이 더 중요하고 꼭 필요하기 때문이다. 사실 지금 있는 그대로의 모습을 받아들이고 나와 남에게서 받아들여지는 경험을 하면 진정한 자기다운 말이 된다. 자기다운 말은 가장 진솔하며 자신의 건강한 말로 소통하는 삶이 행복해질 것이다. 자신과의 대화가 먼저 필요한 이유이기도 하다. 최상의 좋은 예감을 상상하며 읽기 바란다. 책의 마지막장을 덮을 때 내가 바라고 말한 대로 이루어질 미래의 진짜 나를 만나기를 진심으로 바란다.

사람은 가장 나다울 때 가장 아름답다. 내면이 변하면 진정한 자기 언어가 빛을 발하게 된다. 말은 옳다 그르다의 이분법으로 나눌 수 없는 유기적인 '사람'을 담는다. 나다움, '온전한 나'로의 자리매김을 위해 말의 변화가 수반되어야 하고 변화된 내 말이 '나다움'을 도와줄 것이다. 말과 관계로 고민하며 변화를 시도하고 실패하기를 반복하다가 포기한 사람, 그럼에도 불구하고 가슴 깊숙이 내가 원하는 나로 살기 위해 변화를 추구하는 사람, 꿈꾸는 모습으로 살고자 늘 내면의 성장에 관심이 있는 사람 모두에게 꼭 필요한 안내서가 되길 바란다.

2020년 설렘을 안고
THE 뭉클심리연구소에서
김정기

목차

Chapter 01

내 안에 해답이 있다

Chapter 04

가장 나다운 움직임을 되찾게 하는 말

Chapter 05

유연한 관계를 만드는 말

Chapter 01

내 안에
해답이 있다

모든 관계는 나와의
대화로부터 시작된다

　누구나 관계를 맺으며 산다. 나 자신과 관계 맺음이 있고 타인과 관계 맺음이 있다.

　이 관계 맺음에서 비언어적 요소와 첫인상은 매우 중요하다. 말은 첫 만남 이후 관계를 유지하는 중요한 수단이다. 대화는 관계를 맺는 대표적인 소통 방식이기 때문이다. 말은 그 사람이 소통하는 방식과 관계 맺는 양상을 알게 한다. 사람은 서로 연결되어 있어 영향을 주고받기에 말이 참 중요하다.

　다른 사람을 이해하고 관계 맺으려면 나 자신과의 관계가 먼저이다. 나와의 정직한 대화를 통해 자신을 알고 이해하며 인정하는 과정이 필요하다. 그러면 다른 사람의 다름을 있는 그대로 인정하게 될 것이다. 사람들 속에서 건강한 관계를 맺게 될 것이다.

다른 사람과의 관계에 바탕이 되는 것은 자신과의 관계이다. 자신과 온전히 관계를 맺으려면 먼저 자신과의 돈독한 대화가 필요하다. 나 자신과의 대화란 어떤 것일까? 나를 되돌아보는 과정이다. 자기 생각과 행동, 감정과 말을 살피는 것이다. 왜 그런 생각을 했는지, 그때 한 행동은 어떤 감정 때문이었는지, 나의 말은 적절했는지 아는 것이다.

　원인과 주로 하게 되는 시점을 파악하여 구부러진 말을 하도록 촉진하는 것을 발견하는 과정이다. 반복적으로 일어나는 상황 속에서 내 안에 작용하는 심리를 알고 나를 만나자. 이를 통해 나를 알고 이해하며 인정하는 동안 가장 나다운 모습으로 자신과의 관계를 맺게 된다. 이것이 나와의 대화이다.

나와 대화를 잘하면 나타나는 특징이 있다

　① 다른 사람의 어떤 말에도 흔들리지 않는다

　본연의 자기 모습을 믿는다. 자신과의 충분한 대화 시간으로 자신에 대한 신뢰가 쌓인 덕분이다. 상대의 말이 부분이지 사람 전체가 아님을 알기에 들리는 말에 휘둘리지 않는 능력을 갖춘다. 말과 사람을 동일시하지 않는 것이다.

　② 상대의 말 속에 가려져 있는 의미를 읽어주고 알아챈다

　이 과정은 들리고 보이는 것에 마음을 뺏기지 않게 한다. 자신과의 대

화로 단련되어 있기에 말 이면의 나를 알아가는 과정을 상대에게 적용한다. 상대의 진짜 감정과 원하는 것을 알고 이해할 수 있는 여유가 생긴다.

③ 해야 할 말을 적절할 때 분명하게 한다

미소를 동반한 말은 쓴맛에 단맛을 겸비하여 울림이 있다. 귀를 기울이게 하여 그 사람을 주목하게 한다.

심리상담가인 토니 험프리스(Tony Humphreys)는《심리학으로 경영하라》에서 나 자신과의 관계 맺음이 얼마나 중요한지 말한다. "사람은 상처받고 싶지 않기에 심리적으로 방어한다. 그러나 나 자신을 알아가는 시간을 통해 진정한 나를 만나게 되고 자신과의 관계를 개선한다. 이는 다른 사람과 좋은 관계에도 영향을 미친다."라고 했다.

상담을 의뢰한 대학 강사 지호 씨는 누구든 징징대는 사람은 견디기 어렵다며 찾아왔다. 교육생 중 칭얼대는 사람에게 독설을 날려 자신이 힘든 만큼 상대도 아프게 한다고 했다. 자신이 그런 사람의 말도 들어줄 수 있는 세련된 대화 기술을 원한다고 했다. 들어 보니 칭얼댄다는 정도의 기준이 남달랐다. 의존적이거나 유아처럼 행동하지는 않았지만, 타인의 약한 모습을 보면 칭얼댄다고 느꼈다.

몇 차례 이야기를 나누며 어린 시절 온전히 수용 받지 못했던 지호 씨의 감정 욕구를 알게 되었다. 먹고 살기 힘들었던 부모님은 일로 바빠 얼굴을 보기 어려웠다. 6남매의 둘째인 지호 씨에게 어리광은 사치였다. 어린 지호 씨의 감정을 받아주고 담아주는 사람은 없었다. 감정 욕구가 해결되지 않은 채 성인이 된 지호 씨에게 필요한 것은 세련된 대화 기술이 아니었다. 어린 지호를 만나는 거였다. 정지된 그 시점을 살피고 흩어져버린 감정의 조각들을 알아주며 담아주는 과정이 필요했다.

"징징대면 안 돼. 나쁜 거야. 징징대 봤자 소용없어. 혼자 해결해야 귀염받지."

왜곡된 신념이 그동안 어떤 영향을 미쳤는지, 현재의 삶에서 도움이 되는지 살폈다. 그 신념이 자리 잡기까지 어떤 것들이 희생되었는지, 극복해 왔던 방법에 관해서도 이야길 나누었다. 자신을 이해하는 과정을 거친 후, 징징대는 것에 파르르 떨지 않고 들어주는 대화를 지호 씨와 나눌 수 있었다.

나와의 대화가 필요한 이유

딱딱해진 상처가 말랑해져 처치를 받을 수 있는 상태가 되면 구부러진 말이 바뀐다. 아파서 치워뒀던 자기 상처를 마주하고 진짜 나를 똑바로 바라보는 용기와 마음의 근육이 생긴 것이다. 나를 만난 나는 나와 대화한다.

"칭얼대도 괜찮아. 아프면 아프다고 해도 돼."

"그렇게 할 수밖에 없었던 나를 이해해."

"힘들 땐 도움을 청해 봐. 생각보다 좋은 일이 일어날 거야."

나와의 대화를 통해 충분히 나를 알아가고 인정해 주는 시간이 필요하다.

자신을 보듬고 받아들이는 사람은 관심과 존중의 시선으로 자신을 바라보고 허용한다.

"그동안 많이 힘들었지? 실망도 있었지만 그게 모두 나야."

"완전하지 않아도 돼."

"정말 잘 견뎌왔다. 여기까지 걸어오느라 수고했어!"

이 과정을 거치면 애정으로 바라보던 나의 시선이 자신에게서 상대에게로 옮겨 간다. 먼저 나와의 대화가 필요한 이유이다.

나와의 대화 방법

자신과의 대화에는 자기 몸이 말하는 소리를 들어주고 알아차리는 방법이 있다. 어떤 상황에서 행동이나 말에 대해 머리는 애써 외면하더라도 자신의 몸이 진실을 알려준다. 싫더라도 주어진 일을 하며 살아가는 가운데 아무렇지 않다고 뇌가 말해도 몸은 정직하게 말한다. 몸의 소리를 듣자. 몸이 말하는 소리를 듣지 않으면 정신과 몸이 일치될 수 없다.

게슈탈트 심리치료에서 사용하는 빈 의자 기법은 놓쳤던 자기 소리를 듣는 데 유용하다. 자신의 분리된 정신과 몸을 객관적으로 바라보며 내면의 외침을 읽을 수 있기 때문이다.

이 기법은 해결하고 싶은 상황의 핵심 인물을 가상으로 의자에 앉힌다. 그다음 지금 내게 일어나는 감정과 하고 싶은 말을 빈 의자에 앉힌 상대에게 한다. 바꾸어 자신이 그 말을 들은 상대가 되어 의자에 앉는다. 지금 느껴지는 것을 말한다. 이를 반복하며 핵심 문제를 찾아 해결해 가는 방법이 빈 의자 기법이다.

머리에 식은땀이 나고 배가 콕콕 쑤시며 아픈데 생각이 끄는 대로 일을 계속한다면 어떨까? 신체적 증상이 더 나타날 것이다. 멈춰 서서 몸이 말하는 소리에 귀 기울여 줄 때이다.

"일이 너무 많아 난 지쳤어. 나에겐 휴식이 필요해."

"이대로는 안 되겠다. 다른 방법이 필요해."

"지금은 여기까지! 다시 하고 싶을 때까지 쉬자."

내가 사용하던 나와의 대화 방법이 있다. 제삼자의 시선으로 나 자신과 다른 사람을 관찰하는 기법이다. 무대 맨 뒤 객석에 앉아 무대 위에서 펼쳐지고 있는 나의 삶을 또 다른 내가 바라본다. 자신과 상황을 객관적으로 바라보고 진정한 나와 대화를 할 수 있도록 해준다.

"만약 내가 상대라면 어떨까?"

"만약 상대가 반대로 했더라면 어떻게 했을까?"

"저 상황에서 상대는 어떤 감정이었을까?"

무대 위 눈앞에 상상하거나 실제 있었던 그 일을 떠올리고 바라보면 놓쳤던 감정을 느낀다. 꽉 쥐고 있어 얽매여 있던 그 감정을 놓게 된다. 그때 내 말이 바뀐다. 실수도 인정하게 되고 갈등 해결 방법도 찾게 된다. 관계를 잘 끊는 것도 또 다른 관계 맺음이다. 미해결된 감정 없이 분명한 마음으로 관계를 다시 맺는다.

나와의 대화 key, 자기 철학

갈등이나 돌발 상황이 생겼을 때 즉각적으로 어떤 말을 하는가? 자신도 모르게 나오는 말에 자기 철학이 묻어 있다. 사람과 삶을 대하는 태도는 자기 철학이 좌우한다. 상황을 바라보는 관점 또한 자기 철학이다. 흔히 가훈, 급훈, 좌우명이라고 하는 그것. 그것이 순간, 순간의 삶에 개입하여 마음과 말을 다스린다.

《적을 만들지 않는 대화법》의 샘 혼(Sam Horn)이 인용한 말이다. "죽음 직전의 순간, 살아온 시간이 한순간에 스쳐 갈 것이다. 그때 스치는 질문이 있다. 좀 더 사랑할 수 없었는가? 좀 더 용기 낼 수 없었는가? 당신은 이 두 가지 질문에 어떤 답을 할 수 있을까?"라고 질문하면 모든 일이 나 자신과 만나고 다스리는 훈련이 된다고 했다.˙ 그렇게 훈련으로 받아들인다면 소소한 순간마다 의미 있게 다가온다.

순간의 내 말과 관계 맺음은 궁극적으로 내 삶을 좌우한다. 위기의 돌발적 순간에 자연스레 튀어나올 수 있는 자기 철학의 말을 지니는 것이 필요하다. 나의 좌우명은 나와의 습관적인 대화가 되어 긍정적인 방향으로 삶을 이끌 것이다.

"별거 아냐."

"하나하나씩 하자. 할 수 있어."

"이것도 다 지나갈 일이야."

나와의 대화는 시선을 나 자신에게로 돌려 내면과 닿게 한다. 말이 만들어지는 심리적인 근원을 만날 수 있다. 나와 마주했을 때 그럴 수밖에 없었던 나를 이해하고 관계 맺는 과정이다. 나와의 온전한 관계가 다른 사람과의 진솔한 관계로 확장된다. 모든 관계 맺음은 나와의 대화로부터 시작된다.

실천팁 나와의 대화 전·후에 하는 말

나와의 대화 전		나와의 대화 후
문제 근원이었던 나와 대화하기		
징징대면 안 돼. 나쁜 거야.		칭얼대도 괜찮아. 아프면 아프다고 해도 돼.
혼자 해결해야 귀염받지.	⊙	그렇게 할 수밖에 없었던 나를 이해해
완전해야 해.		그동안 많이 힘들었지? 완전하지 않아도 돼.
그거 아니면 안 돼.		정말 잘 견뎌왔어. 그거 아니어도 돼.
몸의 소리 듣기		
해야 해.	⊙	난 지쳤어. 쉼이 필요해.
심장이 벌렁대지만, 오늘도 만나야지.		생각이 정리될 때까지 떨어져 있자.
제삼자로 관찰하기		
말이 돼? 어떻게 감히~	⊙	만약 내가 상대라면 어떨까?
저걸 어떻게 혼내주지?		저 상황에서 상대는 어떤 감정이었을까?
나의 철학. 나의 좌우명이 만든 말		
망했다. 미치겠네.	⊙	별거 아냐. 이것도 다 지나갈 일이야.
이걸 다 어떻게 하지?		하나하나씩 하자. 할 수 있어.

말은 사람의 마음을 이어주는
브리지(Bridge)다

　무심코 하는 말 습관은 우리의 내면이 담겨 있다. 말이 그 사람을 나타낸다. 사람을 담은 말은 사람과 사람 사이를 잇는 브리지 역할을 한다.

　다리는 동떨어져 있는 곳을 이어준다. 독립된 개체로 존재하는 두 곳을 서로 연결한다. 말을 통해 오롯한 개인이 서로 만난다. 두 사람이 만나 마음을 열고 관계를 이루는 시작점이다.

　무엇보다 중요한 것은 말을 통해 상대의 마음을 열고 그의 마음을 얻는 것이다. 서로의 마음이 오고 가게 한다. 내 마음부터 열고 다가가면 마음으로 소통한다. 마음으로 소통한다는 것은 말이 다리 역할을 한다는 것이다. 말이 사람과 사람 사이를 이어주는 브리지가 되려면 상대의 다른 의견에 귀 기울여 들어주자. 그러면 상대의 마음으로 건너가 마음을 얻을 수 있다.

모든 말이 안전한 브리지 역할을 해준다면 모두가 친밀할 것이다. 다양한 이유로 깨뜨러진(broken) 다리는 사람이 서로 오 가지 못하게 한다. 구부러진 말이 오히려 소통을 방해하기도 한다. 말이 깨진 다리 역할을 하는 것이다. 상대를 있는 그대로 봐주지 않고 외부 기준에 빗대어 평가한다. 평가와 판단의 시선은 왜곡과 오해를 낳고 비난의 말을 하게 한다. 상대는 억울하고 화나는 감정에 마음을 굳게 닫는다. 말은 안전한 다리 역할을 하지 못하고 거리감을 만든다.

거리감은 사람과 사람 사이의 브리지를 깨뜨리는 요인이다. 판단 위주의 말은 사람 그대로의 존재를 받아들이는 것을 방해하기 때문이다. 이러한 자기 위주의 필터링은 이기주의를 바탕으로 한다. 마음속 기저에 이기심이 자신과 타인을 이중 잣대로 바라보는 것이다. '이기적 편향(Self-Serving Bias)'이라는 심리 법칙으로 설명할 수 있다. 어떤 일이 성공했다면, 자기 자신의 공으로 돌리고 실패했을 때는 외부 탓으로 돌리는 경향이다. 즉, 자신의 긍정 결과를 과대평가하고 부정 결과에는 과소평가한다. 이를 자기 확증 편향*이라고도 한다.

예를 들면 시험 점수가 훌륭한 결과에 대해서 자신의 능력이 탁월하다고 한다. 반면 시험 성적이 저조하면 이번 시험은 어려웠다며 문제를 탓하는 경우이다. 즉, 잘되면 자기 덕이고 안되면 조상 탓이라고 한다. 이와 더불어 '행위자-관찰자 편향(Actor-Observer Bias)'도 브로큰 브리지의 원인이다. 행위자-관찰자 편향의 가장 쉬운 예는 '남이 하면 스캔들이고 내가 하면 애틋한 로맨스'라는 거다. 즉 자신이 행위자인지 관찰자인지에 따라 문제 원인을 달리 해석하는 경향이다.

도로에서 난폭 운전에 관한 사례*를 보자.

▸ 남이 운전했을 때,

"아 정말, 기본예절도 모르는 사람이군. 너무 난폭하다."

▸ 자신이 운전했을 때,

"오늘따라 왜 이리 차가 많아. 미팅도 늦겠어. 너무 바쁜 상황이라고.
빵빵."

자신에겐 관대하고 다른 사람에겐 엄격하다. 이중적 잣대로 평가하는 말은 공정하지 않고 왜곡되었기에 마음을 닫게 한다. 자신이 행위자일 경우 세상 탓을 하고 자신이 관찰자일 경우 타인을 탓한다. 이래도저래도 비난하는 말이다. 사람을 이어줄 수 없는 말이다.

위의 행위자-관찰자 편향에 적용되지 않은 대화는 어떻게 할 수 있을까? 살펴보자.

▸ 남이 운전했을 때,

"와, 정말 바쁜가 보다. 애가 타겠군."

▸ 자신이 운전했을 때,

"급한 일이 있어서 좀 빨리 갑니다. 오늘은 좀 봐주시죠~. 비켜주세요. 빵빵."

말이 튼튼한 브리지 역할을 하려면 이기적 편향과 행위자-관찰자 편향이 작용하는지 살펴보아야 한다. 자신에게만 호의적인 건 아닌지, 이중적 잣대로 평가하며 상대를 비난하지 않았는지 인식하고 듣기 위해 노력해야 한다. 상대 마음을 열고 들어가 서로의 마음이 만나도록 브리지 말투를 사용하자.

말 자체가 사람 사이의 브리지다. 안전한 다리 역할을 하려면 일관되게 말해야 한다. 제삼자인 사람이 중간에서 다리 역할을 하기도 한다. 두 사람 사이에 좁혀지지 않는 거리감은 제삼자의 말을 통해 가까워지기도 한다. 사례를 보자.

TV조선에서 방영하는 예능프로그램 「아내의 맛」에 연예인 함소원과 진화 부부가 출연했다. 딸을 키우며 힘든 육아를 도와주시는 이모님과의 생활을 공개했다. 상반된 육아 방법으로 부딪히는 아이 아빠와 이모님을 아이 엄마의 말로 해결하는 장면이었다.

아빠: 이모님, 아기가 방금 우유 먹어서 그렇게 흔들면 안 돼요.

이모님: …알았어….

아빠: (병원에서 우는 아이를 보며 심각한 얼굴로) 아기가 왜 울어요?

이모님: (아이를 안고 별거 아니라는 듯 웃으며) 몸무게 재느라 잠깐 뉘었는데 우네.

아빠: 저번엔 안 울었는데 어디 아픈 거 아네요?

엄마가 집에 오자 방에 들어가 시집살이보다 더하다고 호소하는 이모님께 하는 말,

엄마: 늘 감사해요. 이모님 없으면 우리 집은 안 돼요. 그냥 막내아들의 투정이라 생각하세요.

마음이 녹은 이모님은 함박웃음을 보였다. 아내는 이모님과의 마찰

로 대면대면한 남편이 미울 수도 있을 텐데 다독인다.

아내: 오늘 어땠어? 이모님 어떠신 거 같아?

남편: (어색하게 시선 회피하며)…….

아내: 힘들었지? 그래도 우린 복이 많아. 이모님 참 좋은 분인 듯해. 좀 있으면 도서관 가서 아기에게 책 읽어주실 거래. 똑똑해지 라고. 생각 많이 해 주셔. 육아 전문가시니 믿고 맡기자. 자기 힘드니까 이모님께는 앞으로 내가 알아서 말할게.

남편: (눈맞춤하고 수긍하며) 그래, 믿을게. 그렇게 하자.

방송 중 함소원의 갈등을 해결하는 방법은 자막표현처럼 '어진 어른' 의 말투였다. 그녀의 말은 두 사람을 이어주는 브리지(Bridge)가 되었 다. 현명한 중간자 역할이었다. 두 사람의 다른 입장, 경험의 차이를 인 정했다. 서로 다른 양육관을 이해하고 다독이는 말은 서로를 존중으로 연결하는 브리지 말이다. 비난하지 않고 있는 그대로 받아주니 서로의 마음이 열려 상대의 마음을 이해할 수 있었다.

말을 하는 목적은 상대의 변화가 아니라 상대의 마음을 열고 얻는 것 이다.

이를 위해 상대의 다른 의견에도 귀 기울여주자. 자기 진심을 전하면 서 상대의 본심을 알려면 많이 들어주고 속도를 맞춰 기다려주는 게 방 법이다. 그러면 브리지 역할을 하는 말은 제 역할을 충실하게 수행할 것이다. 상대가 자기 진심을 가감 없이 쏟아내고 싶도록 정성으로 듣 자. 그럴 때 말의 목적인 이청득심(以聽得心)이 이루어질 것이다. 말이 사람과 사람을 이어주고 만나게 하는 안전한 브리지가 될 것이다.

실천팁 마음을 잇는 브리지 말

거리감이 있는 깨진 브리지 말		마음을 잇는 브리지 말
평가	⊚	있는 대로 수용
게을러서 남편감으론 아니야.	⊚	느긋한 편이구나.
왜곡 · 비난	⊚	이해
당신 때문에 되는 일이 없어.	⊚	속상해요. 서로 위로해 주기로 해요.
이기적 편향 : 내 덕 · 남 탓	⊚	내 탓 · 남 덕
내 능력으로 우리 팀이 굴러가.	⊚	당신 덕분에 팀이 우승했어요.
행위자─관찰자 편향 : 이중 잣대	⊚	일관된 잣대 · 공정함
저 사람 그럴 줄 알았어.	⊚	저 사람도 그럴만한 이유가 있어.
마음 닫힘	⊚	마음 열림 : 듣고 마음 얻음
어떻게 했길래 아기가 울어요?	⊚	힘들죠? 다 알아요. 당신 아니면 안 돼요.

마음과 마음을
만나게 하는 말

　마음과 마음이 만난다는 것은 어떤 것인가? '마음'이라고 하면 왠지 개념이 모호하게 느껴진다. 사람은 진지한 걸 피하려는 속성이 있기에 흔히 하는 말로 오글거린다고 느낄 수도 있다. 그런데도 우리는 마음에 관련된 말을 엄청하며 산다.

　"어때, 마음에 들어?"

　"마음이 따뜻한 사람인 듯하여 안심돼. 나보다 그 사람 마음이 중요하지."

　"네 마음이 더 중요해."

　"마음 단단히 먹어."

　"마음이 안 좋다."

　"일이 문제가 아니라 마음이 안 통해서 문제야. 사람 마음을 그렇게 모를까?"

"내 마음을 왜 그렇게 몰라? 내 마음은 편하겠어?"

"네 마음을 들여다봐. 마음이 시키는 대로 해보자."

"수진 씨, 요즘 무척 편안해 보여요."

"너 얼굴 좋아진 거 보니 마음이 편한가 보다."

"ㅠㅠㅠ ㅋㅋ ^^ ;;; "

생략해서 사용하는 표현이나 SNS의 이모티콘들도 모두 마음을 대신 표현하는 것이다. 사진을 찍을 때도 늘 하트를 그리고 카드나 문자 메시지에도 하트를 날리는 것은 흔한 일이다. 그만큼 마음에 관심이 많고 마음을 살펴보는 걸 중요하게 여긴다. 본질에 다가가는 핵심이다.

매체나 영화를 보며 감동받을 때가 언제인가? 사람의 마음과 마음이 만났을 때이다. 모르고 지나쳤던 자신의 마음을 만나 스스로 위로가 되고 힘을 얻어 다시 나로 서게 될 때, 다른 사람의 마음을 알아차려 함께 해줄 때, 손해가 있더라도 가치를 따라 마음 다해 사람을 소중히 여길 때이다. 이런 만남은 영화에만 있는 건 아니다. 우리 일상에서 감동을 주고받는 일은 얼마든지 있다. 마음과 마음이 만나려면 상대의 마음을 아는 게 우선이다. 마음을 알려면 마음으로 들어야 들린다.

상대의 마음과 나의 마음이 만나려면 어떻게 해야 할지 방법을 알아보자.

마음 쓰기

① 마음을 연다

프랑스 소설가 생텍쥐페리(Saint Exupery)의 《어린 왕자》에서 여우와 어린 왕자와의 대화를 보자. 마음과 마음이 만나기까지 서로에게 필요한 마음 열기 과정을 잘 보여주고 있다.

어린 왕자가 말했다.

"너를 길들이려면 어떻게 해야 하니?"

여우가 대답했다.

"참을성이 아주 많아야 해. 우선 넌 나와 좀 떨어져서 그렇게 풀밭에 앉아 있는 거야. 난 곁눈질로 널 지켜볼 거야. 넌 어떤 말도 하지 마. 말은 오해의 씨앗이거든. 그러면서 날마다 너는 조금씩 가까이 앉으면 돼."

다음날 어린 왕자는 또 찾아왔고 여우가 말했다.

"같은 시간에 오는 게 더 좋을 거야. 만약 네가 오후 네 시에 온다면 나는 세 시부터 행복해지기 시작할 거야. 네 시가 되면 나는 이미 불안해지고 안절부절못하게 될 거야. 난 행복의 대가가 무엇인지 알게 되는 거지."

② 마음을 듣고 안다

미국의 정치인 버니 샌더스(Bernie Sanders)와 힐러리 클린턴(Hillary Rodham Clinton)의 사례를 보자. 상대의 마음을 듣고 알아서 하는 말이 얼마나 긍정적인 결과로 이어지는지 잘 보여준다.

2015년 미국 민주당 경선의 토론회에서 생긴 일이다. 힐러리가 국무장관이었을 때 잘못된 이메일 사용 문제가 불거져 지지율이 하락한 상태였다.* 상대 후보였던 샌더스는 말했다.

"국민은 고작 그 이메일 따위에 지쳤다. 지금에 집중할 때이다."

과거 일로 곤경에 처한 힐러리의 상황을 이용하여 공격하지 않은 그의 말은 국민의 신뢰를 더 쌓았다. 상대인 힐러리와 국민의 마음을 얻어 지지율이 급상승한 것이다. 그는 상대와 국민의 마음을 잘 듣고 알아차렸기에 공감 어린 말을 할 수 있었다.

마음 키우기

심리학자 마셜 로젠버그(Marshall B. Rosenburg)의 《비폭력 대화》에서 삶의 평화적인 언어로 NVC 모델(Nonviolent Communication, 비폭력 대화)을 소개하고 있다. 비폭력 대화의 모델은 '관찰-느낌-욕구·필요-부탁'의 절차로 구성된다. 일상에서 NVC의 기본 개념을 적용하여 말한다면 관계의 깊이와 삶의 질이 달라질 것이다. 내면의 욕구를 알아차리고 공감하여 마음과 마음이 만나는 말을 할 수 있도록 돕는 강력한 도구이다.

임상 언어		NVC 언어로 바꾸어 사용하기
증상으로 진단하기: 문제 중심	⊘	내면에 일어나는 내 마음을 말하기
이론으로 분석하기: 잘못 찾기	⊘	상대에게 관심으로 집중하며 공감하기

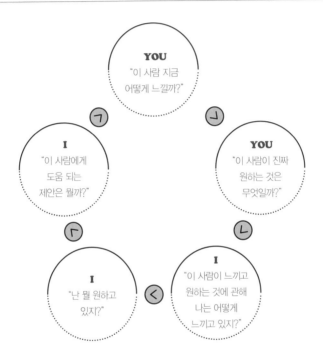

  마음과 마음이 만나는 것을 방해하는 건 편견이다. 사회적 기준을 잣대로 보면 문제 위주로 부족한 것만 부각된다. 겉모습으로 사람을 평가하기 쉽다. 색안경을 끼고 보게 되므로 도저히 마음으로 볼 수 없다. 마음으로 보지 못하면 상대를 제대로 알기 어렵다. 편견은 상대의 마음과

내 마음을 만나지 못하도록 가로막는 역할을 한다. 경험했던 나의 사례를 보자.

대학원 시절부터 졸업한 이후 수년 동안 병원에서 임상(臨床)을 통해 환자들을 만났다. 정신건강의학과 보호병동에서의 처음 만남은 새롭고 또한 낯설었다. 임상을 마치면 내담자들의 진단명과 진단 요건인 각각의 특성을 파악했다. 그의 증상을 대입시켜 분석하는 작업이 반복됐다. 시간이 지날수록 보고서 작성 실력은 늘어갔지만 뭔가 마음이 불편했다. 그토록 원했던 임상 시간이 의미 있게 다가오지 않았다. 어느 순간 편견의 색안경으로 바라보고 있는 나를 발견했다.

"내가 유미 씨 말을 들으며 증상을 점검하고 있구나."

실망스러웠다.

들어도 듣지 못하고 만나도 만나지지 않았다. 진단명 알기를 치우고 한 사람, 한 사람의 마음에 집중했다. 한 해를 마치는 나의 소감에 교수님은 가장 중요한 걸 알게 되었다는 피드백을 주셨다.

"제가 느낀 건 이거 하나였어요. 그들도 나와 똑같은 사람이라는 거죠. 지금 잠시 장소로 구분되어 있을 뿐 그의 말에서 나의 일부를 발견하기도 했으니까요. 그에게서 환자라는 명찰을 떼고 마음으로 바라보니 들을 수 있었어요."

마음과 마음이 만나는 말이다. 마음이 만났다는 건 힘겨운 그와 마음을 함께해 줄 수 있게 되어 그에게 의미 있는 존재가 된다는 거다. 개인적으로 가장 가치 있는 순간이다.

마음과 마음이 만나는 말로, 자라난 마음 지키기

어떤 것에도 방해받지 않고 마음으로 사람을 만나자. 마음으로 듣고 알게 된 상대의 마음과 내 마음이 만나도록 마음 쓰자. 마음을 주고 얻는 것은 세상에서 가장 가치 있는 일 중의 하나다. 마음으로 듣고 사람을 알면 마음과 마음이 만나는 말을 하게 된다. 그 말은 상대와 자신을 감동하게 하여 생명의 근원인 마음을 키운다. 자란 마음은 다시 마음을 다해 상대에게 마음을 쓸 때 지킬 수 있다.

실천팁 마음이 만나는 말

마음의 만남을 차단하는 편견의 말	마음이 만나는 말
우울증세가 원래 그래.	지금 마음이 어떠세요?
스트레스로 인한 증상일 거야.	괜찮아? 무슨 일 있어?
마음 고쳐먹어. 너만 힘들어.	당신 마음이 중요해요.
당신 증상으로 잘 이해하기 어려울 거예요.	내가 이해하지 못했는데 다시 말씀해 주실래요?

Chapter 1-4

표현보다 중요한
내면의 말 키우기

말은 겉으로 표현하는 말이 있고 표현하기 전인 내면의 말이 있다. 먼저 내면에서 말을 형성한 후 밖으로 표현한다. 즉 말은 내면의 외현화 과정이다. 외부로 표현되기 전 내면의 말은 생각을 담는다. 생각은 관점에 따라 달라진다. 관점과 생각은 내면의 말을 이루는 원재료이다. 말을 잘하려면 내면의 말을 길러야 한다. 내면의 말을 기르는 방법은 관점을 이루는 생각을 키우는 거다. 생각이 자라면 내면의 말이 길러지고 내면의 말이 자라면 원하는 말로 표현하게 된다.

생각을 키우면 내면의 말이 자란다. 생각을 키우는 방법이다.

① 자기 생각의 경향성을 파악한다

먼저 어떤 상황을 만났을 때 자신을 의식하는 것이다. 그 당시에 즉각적으로 의식하지는 못했더라도 상황 이후에 자신만의 시간을 갖고 되돌아본다. 그러면 어떤 상황에서 어떻게 생각했는지, 어떤 내면의 말이 떠오르는지 파악된다. 어떤 성향의 사람을 만났을 때 감정의 방향은 어떻게 흐르는지 알 수 있다. 내면의 말을 이루는 생각과 감정의 경향성을 파악하면 자신의 반응을 조절할 수 있다. 떠오르는 감정과 생각을 '안 좋다', '모르겠다'라는 추상적인 말로 뭉뚱그리지 않아야 한다. 구체적인 말로 주관적인 감정과 생각을 대면하고 명명한다.

"주로 앞뒤가 다른 사람과 나는 거리를 두고 싶구나."

"걷기를 좋아하는 사람을 만나면 설레게 되네."

"자기가 한 말을 지키지 못할 때 화가 나는구나."

"앞으로 이럴 때는 이런 식으로 해볼까?"

이 과정이 쌓이다 보면 내면의 말이 깊고 유연해진다. 자기감정, 생각, 내면의 말의 경향을 파악해야 적절한 겉말로 표현할 수 있다. 생각은 내면의 말을 낳고 내면의 말은 겉으로 표현되어 자신을 드러낸다. 자신을 드러내게 된다는 것은 자기 언어를 발견하는 것이다. 자기 언어는 강력하며 긍정적인 영향력의 출발선이다.

② 자기 언어로 표현하며 생각과 관점을 선명하게 정리한다

흔히 생각이 너무 많거나 복잡하면 횡설수설하기 쉽다. 생각의 흐름을 이해하고 맥락을 잡는 가지치기가 필요하다. 생각을 정리하기 위해 마인드맵, 로직 트리, 만다라트와 같은 도구를 사용하는 방법도 있다. 눈에 보이도록 그림을 그리고 쓰면 복잡하게만 느껴졌던 자기 생각이 뜻밖에 단순한 것임을 깨닫는다.

또는 내버려 두는 기법도 있다. 내 안에 해결점을 찾고 싶은 마음은 간절한데 잘되지 않을 때를 경험했을 것이다. 내면의 말을 구성하는 자기 생각 전부를 정리해야 하는 건 아니다. 때로는 다른 활동에 몰입함으로써 생각과 거리를 두어 내버려 둘 필요도 있다. 그러면 전혀 다른 상황에서 문제의 답이 선명하게 떠오르기도 한다. 세렌디피티(serendipity)라고 한다.

③ 상대와 대화한다

대화함으로써 생각이 확장되고 내면의 말이 깊어질 수 있다.

"저는 그렇게 생각해 본 적이 한 번도 없었는데 당신은 그렇게 생각하는군요."

"어떻게 그렇게 생각할 수 있었지요? 전 그렇지 않다고 생각해요. 내 생각은 달라요"•

상대와 자신의 감정을 건드리지 않으면서 반대 의견을 표현한다. 상대는 감정 없는 비판에 달라진 시각으로 근거 있는 의견을 제시한다. 왜 그런 생각을 하게 되었는지 점차 깊이 있는 의견을 서로 표현한다. 자기 생각을 노출함에 따라 스스로 더욱 정리된다. 관점이 확장되면 상대의 다른 의견을 수용하기 쉬워진다.

내면의 말을 키워서 잘 쓰는 것 못지않게 중요한 것이 듣는 것이다. 상대의 겉으로 드러난 말만을 듣기보다는 내면의 말을 듣는 태도가 필요하다. 보통은 오랜 시간 지낸 후 상대를 알고 나서 말하고자 하는 바를 파악하게 된다. 말센스가 있다면 상대가 겉으로 표현하는 말 속에 깃들어 있는 의도를 알고 적절히 반응한다. 즉 내면의 말을 들을 때 가능하다. 상대의 말이 얼핏 듣기에는 건조하고 공격적으로 들릴지라도 그 뒤에 담겨 있는 투박한 정을 알아차리는 것이다. 상대의 마음을 읽을 때 내면의 말을 들을 수 있고 겉말 이면의 진심과 감정을 들을 수 있다. 이것이 말을 잘하는 비결이다.

SBS에서 방영하는 「집사부일체」라는 예능프로그램이 있다. 매주 새로운 사부를 초대하여 진행한다. 한번은 탤런트 이서진이 사부로 초대되었다. '서지니 탐구생활'이라는 주제로 그의 평소 말투를 분석했다. 이서진의 무뚝뚝하고 시크한 말투를 문제로 내고 말의 속뜻을 맞추는 퀴즈 코너였다. 퀴즈 내용이다.

▸문제1. "너 요즘 뭐하냐?"라는 말이 의미하는 뜻은?

① 오랜만이네! 잘 지냈어?　　② 지금 여기서 뭐 하는 짓이야

③ 또 만나서 정말 반갑다(어색)　④ 사랑해

▸문제2. "너, 미쳤구나?"라는 말의 속뜻은?

① 참신한데?(놀람)　　　　② 너 정말 마음에 든다(감탄)

③ 최악이다(답답)　　　　　④ 나 뭐하면 돼?(준비 완료)

▸문제3. 주관식 '그만해, 이제'가 의미하는 바는?

문제1과 2에 관한 답은 ①번과 ④번이다. 문제3에 관한 답은 '오늘 정말 고맙다!'이다. 코너를 진행하는 이승기는 '이서진 언어 번역기'로서 정답을 안내했다. 그는 반어 화법의 마술사라며 웃음을 자아냈다. 물론

절친인 이승기였기에 이서진의 말에 숨어있는 속뜻을 눈치챌 수 있었다. 이를 통해 요즘 우리 시대 말에 대해 생각해 보는 계기가 되었다.

위의 사례에서처럼 의도하는 바를 분석해야 할 만큼 말 표현이 다양해진 시대에 우리는 살고 있다. 생각보다 내면의 말과는 다르게 겉말이 표현되는 경우가 많다. '오글거린다'라며 정서적인 표현을 제한하는 사회 분위기는 자연히 정서결핍으로 연결되고 있는 게 현실이다. 그만큼 내면의 말에 귀 기울이는 태도는 더욱 소중하다. 내면의 말은 상대의 생각이고 감정이기에 내면의 말을 듣는다는 것은 관심이다. 정서 표현이 사라지고 있는 시대에 꼭 필요한 흐름이다.

브런치에 『신입사원을 위한 직장인 언어 사전 50』*이라는 글이 있다. 박창선 작가는 이메일과 SNS 언어의 속뜻을 정리했다. 그는 이러한 예가 뇌피셜이라며 도움 여부는 불확실하다고 한다. 그의 정리된 말을 편의상 겉말과 알아차린 내면의 말로 명명했다.(P48. 표 참조)

일하며 쓰는 언어가 반복되다 보니 표현되는 겉말 이면에 말하고자 하는 내면의 말을 알아차릴 수 있었을 것이다. 겉말을 보면 업에 따라 특별한 언어적 소통 문화가 형성됨을 알 수 있다. 표현하거나 설사 표현되지 않았더라도 암묵적으로 통용되는 그들만의 언어가 발생한다. 사회생활에서 겉으로 표현하는 말을 통해 상대가 말하고자 하는 내면의 말을 들을 필요가 있다. 표에서 알 수 있듯이 원활한 소통을 하려면 상대 욕구의 알아차림을 수반해야 한다. 그 방법이 바로 내면의 말에

	표현된 겉말	알아차린 내면의 말
1	감사합니다	뭔가 진짜 감사한 건 아님 업무 중 '감사합니다'라는 일종의 '안녕히 계세요'와 같음
2	죄송하지만	진짜 죄송해서라기보단 제발! 정도로 해석
3	최대한	내가 퇴근하기 전에
4	충분히 검토하신 후	오늘 안에
5	괜찮으시다면	안 괜찮아도
6	보내주신 내용은 잘 확인했습니다	음…. 네… 훑어는 봤는데 + 수도 없는 피드백
7	부탁드립니다	요청합니다. 부탁이라지만 안 하면 안 될 상황이 많음
8	가능하시면	당신 신체 중 80% 이상의 후유장해가 발생하지 않는 한
9	확인 차	달라고 한 지가 언젠데 아직도? 예) 비용 관련하여 확인 차 연락드립니다=돈 주세요. 비용 관련하여 일정 확인 차 연락 드립니다=빨리 돈 주세요!
10	~계획입니다	안될 수도 있습니다
11	공유 부탁드립니다	주세요. 비교 검토하며 당신을 간섭하겠어요~
12	~사항이 필요할 듯싶습니다	그러나 내가 하고 싶진 않습니다 당신이 좀 해주면 참 좋을 텐데~
13	편하게 연락 주세요	문자까지만. 톡은 좀 '어?' 카톡을 할 때는 '카톡으로 주세요'
14	다름이 아니라	그건 그렇고, 이제부터 좀 정색을 하고 말하자면
15	오늘 중에	받을 때- 오늘 18시 이전에. 줄 때- 오늘 자정 이전에
16	내부적으로 협의 후	대표님이 시간 될 때

	표현된 겉말	알아차린 내면의 말
17	현재 ○○을 기획 중입니다	자료고 뭐고 아무것도 없음. 곧 제안 요청이 있을 예정
18	양해 부탁드립니다	그러나 어쩔 수 없습니다
19	회신 부탁드립니다	제대로 봤는지 읽기는 했는지 내가 확인해야겠습니다
20	내부사정으로	누군가가 결재를 안 해주고 있습니다
21	다소 늦어지고 있습니다 ㅠㅠ 양해 부탁드립니다	똥줄 타고 있습니다. 우리도 알고 있으니 재촉하지 말라
22	회의 결과	대표님이 말씀하시길
23	추후 다시 연락 드리겠습니다	이제, 그만 헤어져야 할 시간입니다 언젠지 모르는 미래를 의미 우린 잘 맞지 않는 것 같아요

귀 기울이는 것이다.

말에는 표현된 말 그대로가 아닌 함축하고 있는 뜻이 따로 있는 경우가 많다. 마음을 잘 읽는다는 것은 내면의 말 속에 함축된 의미를 읽어주는 태도이다. 내면의 말을 읽어주려는 방법은 상대의 핵심 감정을 질문하는 것이다. 추측하고 판단하여 그냥 넘기지 말고 핵심이 되는 감정을 말할 수 있도록 질문해 준다.

B: A 씨의 표정이 별로인 거 보니 기분이 안 좋은가 봐. 뭔지 모르겠지만 나중에 말 걸자. (×)

▶B: 아침부터 시무룩해 보이던데 괜찮아요? 무슨 일 있나요? 기분이 안 좋아요? (○)

A: 별거 아닐 수도 있지만…. 사실 아까 좀 서운하더라고요.

B: 아, 서운했군요. 별거 아니긴~ A 씨로선 그럴 수 있어요.

이처럼 상대의 핵심 감정에 대한 질문은 마음을 어루만질 수 있다.

내면의 말에 귀 기울여 물으면 상대는 자신의 감정과 생각을 말하고 열린 대화로 이어진다. 말 이면의 의미가 담겨 있는 흔한 말 중 하나는 '모르겠다'이다. 예를 들어 "당신 말을 잘 모르겠네요."라는 말은 정말 모르겠다는 말이 아니라 그 제안이 '마음에 안 든다.' 즉, '싫다'라는 뜻을 내포하고 있다. 내면의 말에 귀 기울이지 않으면 함축된 의미를 파악하지 못하고 다음과 같은 대화를 하게 된다.

"선화 씨, 당신이 한 말의 의도를 잘 모르겠네요."

"그러세요? 제가 설명해드리겠습니다. 그건요, 제가 그동안 해왔던 자료수집으로…."(×)

"그러시군요. 어떤 부분을 수정, 보완해야 할지 알려 주시겠어요?"(○)

말이 알짜배기가 되게 하기 위해서는 생각을 키우자. 내면의 말이 자라도록 자기 생각의 경향성을 파악하고 생각과 감정의 흐름을 정리하자. 또한, 상대의 내면의 말에 귀 기울여 들어주자. 마음을 읽어주면 상대의 핵심 감정과 욕구를 알아차릴 수 있다. 겉으로 표현하는 말 이면의 함축된 의미를 파악하려는 태도를 실천하자. 이것이 말 잘하는 비결이다.

말의 형식을
바꾸면 내면이 바뀐다

　각자의 언어 습관이 있다. 자신도 모르게 형성된 언어 프레임이 있어 사람은 그 틀대로 말하고 소통한다. 심리학 용어로 '틀 짓기(Framing)'이다. 같은 상황을 어떻게 묘사하느냐에 따라 전혀 다른 생각을 하고 다르게 반응한다.

　자주 쓰는 말투를 인식하고 의식적으로 바꿔 말하면 내적인 요소가 바뀐다. 마음은 그렇지 않더라도 말투라는 형식을 먼저 바꿔보자. 언어 프레임은 생각을 좌우한다. 생각과 감정이 바뀐다. 다른 사람에게 말할 때도 적용된다. 어떻게 말하냐에 따라 똑같은 질문에 정반대의 대답을 얻게 된다.

　EBS 다큐프라임 「킹메이커 2부」에서 이와 관련된 실험 결과를 방영했다. 한국철도공사에서 KTX 민영화에 대해 다른 언어 프레임으로 질문했다.

질문 1. KTX 일부 노선을 사기업에 매각하는 것에 찬성하십니까?

질문 2. 고속철도의 경쟁체제 도입에 찬성하십니까?

질문 1에 대해 찬성 17표, 반대 100표로 반대가 현저히 많았다. 질문 2에 대해서는 찬성 100표, 반대 60표로 찬성이 월등히 많은 결과가 나타났다.

같은 내용의 질문인데 상반된 결과가 나타난 이유는 무엇일까? 사기업은 이윤을 추구하므로 사용자의 부담이 증가할 거라는 추측에서다. 반면 '경쟁체제 도입'은 서비스 질을 향상하면서 사용자의 부담이 줄어들 거라는 예측에서 나온 결과이다. 실험을 통해 언어 프레임 즉, 말투라는 형식에 따라 내면의 생각이 바뀜을 알 수 있다.

롤프 도벨리(Rolf Dobelli)의 《스마트한 생각들》에 또 다른 연구가 있다. 1980년대에 대니얼 카너먼과 아모스 트버스키는 역병 퇴치 방법에 대해 설문했다. 질문은 다음과 같다.

600명의 생명이 위험에 노출되어 있다. 퇴치 방법 A와 B 중 하나를 선택하라.

A: 200명의 생명을 구할 수 있다.

B: 600명 모두를 구할 확률은 3분의 1이고 전혀 구하지 못할 확률은 3분의 2이다.

실험 결과 설문 조사에 참여한 사람 대부분은 A 방법을 선택했다.

두 번째 설문 조사에서는 A와 B를 다른 말로 표현하여 다시 선택하도록 했다.

A: 400명의 목숨을 죽게 한다.

B: 600명 모두 죽을 수 있게 할 확률은 3분의 2이고 아무도 죽지 않게 할 확률은 3분의 1이다.

설문에 참여한 소수의 사람만이 A의 방법을 선택했고 대부분은 B를 선택했다. 두 번의 설문 조사는 똑같은 내용의 질문이었고 정반대의 결과가 나타났다. 첫 번째 설문에서 '구할 수 있다'라는 언어 표현을 두 번째 설문에서 '죽게 한다'라고 바꿔 말했다. 똑같은 내용을 말투라는 형식만 바꿨을 뿐인데 전혀 다르게 선택한 것이다. 언어 프레임은 생각을 지배한다 해도 과언이 아니다. 상담 사례 중 하나이다.

그녀의 직업은 유치원 교사였고 학부모를 대하는데 어려움을 호소했다. 최근에 한 아이가 유치원을 그만두었고 이유는 아이 엄마가 매우 예민하다는 것이었다. 그녀와 아이 엄마가 나누었던 이야기를 들은 후 진짜 이유를 알 수 있었다. 나는 그 엄마가 잘 다니던 유치원을 그만둘 수 있었던 심리적 이유에 대해 해석해 주었다. 아이 엄마는 교사의 말 중에서 "아이가 이상하다"는 언어 프레임을 흡수한 것이다. 상한 감정 이면에는 교사로부터 공격을 받았다고 느꼈을 것이다. 사람이 느끼는 공격성 이면에는 불안함이 있다. 교사가 어떤 언어를 쓰느냐에 따라 엄마의 생각과 행동 요인이 결정된다는 것을 안내 상담해 주었다.

교사: 검사를 하세요.(공격적인 언어 프레임 ×)

▶ 교사: 제가 그쪽의 전문가가 아니니 아이의 수준을 알면 현장에서

돌보는 데 도움이 될 것입니다.(공감적인 언어 프레임 ○)

이렇게 말의 형식을 바꾸어 말했더라면 어땠을까. 아이 엄마는 마음을 공감받았다고 느끼며 유치원을 그만두는 일은 없었을 것이다.

배우가 연기할 때 우선 감정이 중요하다. 그러나 때로는 그 감정이 나올 수 있도록, 먼저 호흡을 다스린다. 자세 또한 바꾼다. 이렇게 형식인 겉을 먼저 준비해서 정비하면 안이 바뀔 수 있다. 즉, 형식이 내면의 감정을 바꾼다.

슈테판 클라인(Stefan Klein)은 《안녕하세요, 시간입니다》에서 빈코프스키의 사례를 통해 호흡이라는 형식에 따라 말의 박자가 달라진다는 것을 말하고 있다. 그는 피아니스트들에게 더 빠르게 숨 쉴 것을 요구했다. 그 결과 그들은 더 빠르게 피아노를 쳤다. 정작 자신은 그 사실을 인식하지 못한 채 빨리 치고 있었다. 이는 피아니스트에게 호흡이라는 형식이 연주하는 박자 즉 행동을 결정짓는 메트로놈이었음을 알게한다.

신나는 노래에 몸으로 박자를 맞춰 춤을 춰보자. 노래에 맞는 감정이 더 자연스럽게 발산될 것이다. 이는 심리학자 윌리엄 제임스의 50년 연구에서 결과로 밝혀졌다. 말과 행동으로 감정을 끌어내는 것이 반대의 경우보다 더 쉽다는 것이다. 말과 행동을 바꾸기 위해 내면을 갖추려면 오랜 시간이 걸릴지 모른다. 일단 먼저 말과 자세를 바꿔보자. 몸을 통해 내면을 갖춰나가게 된다.

KBS 2TV 오피스 드라마「회사 가기 싫어 _ 5회. 슈퍼우먼은 없다」에서 '슈퍼맘'에 대해 다루었다. 역할이 사람을 만들기도 하며 말대로 역할에 맞게 발전할 수도 있다. 반면 부작용도 있다. 일하며 육아와 집안일을 모두 잘하는 사람을 일컫는 슈퍼맘이라는 말은 부담이다. 슈퍼맘이라는 말의 형식을 통해 많은 여성이 필요 이상으로 완벽을 추구하는 경향이 있다. 슈퍼맘이라는 말을 듣는 순간 난 그런 사람이 아닌데 그렇게 되어야 할 것만 같아 열심히 산다. 말을 쫓다 보니 몸이 소진된다. 이미 충분히 잘하고 있는데 슈퍼맘이라는 말에 내면이 얽매일 수 있다는 것이다. 이처럼 언어 프레임은 큰 힘을 발휘한다.

언어 프레임은 어떻게 바꿀 수 있을까?

먼저 습관적인 말을 파악한다. 입에서 나오는 말로 나의 내적 상태를 파악한다. 상태가 안 좋을 때란 공적이든 개인적이든 일상에서 스트레스를 많이 받고 있을 때이다. 스트레스로 하게 되는 말은 내 뇌가 들으며 또 다른 스트레스로 연결된다. 이럴 땐 일부러 의식하며 다른 말을 한다.

"말도 안 돼", "어떻게 그럴 수가 있어?", "와, 진짜 황당하다."라고 말하는 자신에게 "그럴 수도 있지", "다 몰라서 그래", "(스스로 쓰다듬으며) 괜찮아! 잘하고 있어."라고 의식적으로 바꿔 말하는 것도 한 방법이다.

자신의 상태를 점검할 수 있는 말투가 있는가?

조금만 신경을 쓰면 내면에 따라 달라지는 자기 말투 패턴을 발견할 수 있다. 자기 상태가 좋을 때와 좋지 않을 때 주로 쓰는 말투를 구분하고 기록해 보자. 의식적으로 형식을 바꾸면 내면이 바뀐다. 말로 인해 내면 상태가 좋아질 것이다.

언어 프레임에 따라 사람의 생각이 달라질 수 있음을 알게 한다. 다른 사람의 말이든 자신의 말이든 말의 형식에 따라 생각이라는 내면이 바뀐다. 우리에겐 늘 하는 말이 습관이고 습관화된 언어 프레임이 생각을 지배한다. 그 생각의 방향이 인생을 만든다. 습관적으로 표현되는 말의 형식을 바꾸면 내면도 바뀌어 인생에 놀라운 변화가 생긴다.

실천팁 경직된 말과 유연한 말 구분하기

형식을 바꾸기 전 경직된 말	형식을 바꾼 유연한 말
말도 안 돼.	그럴 수도 있지~
어떻게 그럴 수가 있어?	다 몰라서 그래~
와, 진짜 황당하다.	그래도 감사하다. 다행이야~
미치겠네. 낭비했어.	괜찮아! 잘~ 하고 있어.
아이, 속상해.	하하하~!
사기업에 매각.	경쟁체제 도입.
죽게 한다.	구할 수 있다.

시각화하면
내면의 말이 단단해진다

생각은 하면 할수록 복잡해지고 심각해지는 게 사람의 내면이다. 내면의 말을 이루는 생각과 감정이 복잡하면 오히려 말문이 막히기도 한다. 복잡하고 정리되지 않아 자신이 무슨 생각을 하고 있는지 정확히 모른다. 감정이 복잡하면 과거에 파묻혀 생각이 맴돈다. 진전 없이 지나간 감정에 휩싸이면 내면의 말을 알아차리기 어렵다. 중요한 일에 결정 내리기 어려우며 망설인다. 많은 경우의 수를 생각하며 고민한다.

갈피를 잡지 못하고 판단과 생각, 감정을 추스르지 못할 때 종이에 적자. 적으면 생각을 정리하기가 쉽다. 감정을 알게 되어 내면의 말이 들린다. 적어서 시각화하면 내면의 말이 단단해진다.

시각화의 효과에 대해서는 이미 알려져 있다. 제프 올슨(Jeff Olson)은 《슬라이트 엣지(Slight Edge)》에서 '시각화(envisioning)한다는 것은 무에서 유를 만드는 것'이라고 했다. 생각만 하던 것을 진짜 실제적인 것으로 창조하는 첫 번째 단계이다. 그는 꿈을 이루는 방법의 첫 단계로 '적어라'라고 소개하고 있다. 시각화는 반드시 물리적이어야 한다.

즉, 머릿속으로 그림만 그려보거나 마음속에서 생각만 하는 것이 아니다. 다른 사람에게 말하는 것이 가장 효과적인 방법이다. 소리 내어 말하기 위해서 시각화가 필요하다. 적는 과정을 통해 내면이 선명해지고 선명해진 내면은 말을 단단하게 만든다. 반드시 적자. '적는다'는 작은 노력으로 꿈은 현실이 된다.

이렇듯 시각화에 대한 중요성은 여러 번 강조해도 지나침이 없다. 적으면 생각과 감정이 형태를 갖춰 시각화된다. 시각화가 이루어지면 내면의 말이 선명하고 단단해진다. 궁극적으로 생각한 것이 실제로 이루어진다. 이를 위해 적어서 시각화하는 것이 중요하다. 시각화에 대한 다양한 효과 중 가장 큰 장점 네 가지를 살펴보자.

① 생각이 명확해져 내면의 말이 분명해진다

정리된 생각을 말하고자 할 때 막상 말문이 막혀 아무 말도 하지 못할 때가 있다. 많은 생각이 꼬리를 물고 실타래처럼 엉켜 방향 없이 차 있기 때문이다. 사실 정리된 게 아니며 자기 생각을 명확히 모르는 거다.

무엇을 결정해야 하는 중요한 상황에서 많은 경우의 수를 놓고 고민할 수 있다. 너무 많은 생각은 방향을 흐리고 우선순위를 결정하지 못한다. 어찌해야 할 바를 모를 때 정체되었음을 깨달았다면 바로 종이에 적어보자. 생각이 진행된다.

적어서 시각화된 자기 마음을 읽으면 객관적으로 바라볼 수 있다. 종이에 적힌 자기 생각과 감정이 나에게서 떨어져 물리적인 거리를 두게 되었기 때문이다. 또한, 심리적으로도 분리되어 단편적으로 보았던 시선에서 입체적으로 바라볼 수 있다.

적으면 엉켜있어 정확히 알지 못했던 생각이 명확해지고 나아갈 방향을 찾을 수 있다. 내면의 말을 정리하면 결정이 어려운 상황에 관해 판단이 수월하다.

② 감정을 알고 해소하며 더 잘 다룰 수 있다

화가 나는 일이 있었을 때 종이에 적는다. 그 상황과 상황에서 느낀 나의 감정을 중심으로 적는다. 적는 것만으로도 부정적인 감정이 밖으로 빠져나가는 효과가 있다. 적다 보면 자기감정의 원인을 알 수 있다. 적지 않았을 때는 생각하고 싶지 않지만, 자신도 모르게 자꾸 생각이 나서 더 괴롭다. 더욱이 괴롭히는 그 감정의 정체가 두리뭉실하다. 정확하지 않아 더 답답하고, 해결하지 않은 감정은 무겁게 계속 머릿속을 맴돈다.

일단 종이에 적자. 적으면 그 감정의 정체가 드러난다. 알게 된 감정은 정리하기 쉬워 해소할 수 있다. 시각화로 거리를 둔 감정은 준비되었을 때 더 잘 다룰 수 있다.

③ 뜻밖에 자신의 모습과 상대의 내면을 알게 된다

궁금한 점과 상대의 관점에서 느낄 수 있는 부분도 적는다. 일단 문자의 형태를 통해 거리를 두고 다시 만나는 상대의 감정은 살짝 안전하다. 글로 묘사하는 동안 미처 느끼지 못했던 상대의 감정을 알게 된다. 자기감정에 묻히면 자기 연민에 빠져 단편적으로 저장하기 쉽다. 상대가 느꼈을 법한 감정을 전혀 인식하지 못할 수 있다. 놓쳤던 것을 알게 되면 뜻밖에 자기 모습을 발견하게 된다.

"아, 그것 때문이었을까? 그럼 B씨는 오히려 자신이 무시당했다고 느낄 수 있었겠네."

자신의 모습이 다른 사람에게 어떤 영향을 미칠지 깨달을 수 있다. 시각화를 통해 상대의 입장이 되어 보는 것이다. 적을 때는 일단 감정이 누그러졌기에 어느 정도 냉정하고 객관적인 조망능력이 발휘된다.

④ 자신의 욕구를 알게 된다

적다 보면 과거에 생각과 현재의 바람을 구분할 수 있다. 골몰히 생각만 하는 습관은 정체되고 퇴보하는 과거에 머문다. 지나간 기억에 빠져 있으면 되돌릴 수 없는 과거에 대해 후회를 반복한다. 미래를 위한 생산적인 내면의 말이 생길 리 없다. 적자. 적어서 시각화하면 생각을 확장하는데 방해가 되는 과거 기억에서 빠져나올 수 있다. 문자와 말의 형태를 가진 글은 생각과 감정의 가지치기로 현재의 감각을 느낄 수 있다. 자신이 무엇을 하고 싶은지 욕구를 알고 말할 수 있다. 과거와 분류되어 현재 필요한 내면의 말을 되찾게 한다.

생각과 감정을 종이에 적으면 눈에 보이는 형태로 나타난다. 시각화된 내면은 객관적으로 바라보게 되고 선명하게 알게 되어 더 다루기 쉬워진다. 적는 것을 습관화하면 자기 생각과 감정을 정리할 수 있고 생산적인 내면의 말로 채워진다.

　들고 싶은 것이 아닌 진짜 내면의 말을 듣고 말하려면 적어서 시각화하자. 단단한 내면의 말을 갖추는 것은 누구든지 할 수는 있지만, 모두가 하지는 않는다. 단순한 노력인 적는 습관도 인식해서 기억해야만 할 수 있는 능력이다.

실천팁 쓰기 작업을 통한 시각화 전·후의 차이

시각화 전		쓰기	시각화 후	방법
꽉 찬 생각 결정 어려움	나도 몰라, 내 생각 방향 없음	⊙	공간 확보, 생각 선명 생각 정리, 생각 진행	꺼내 내보냄 분리
화나는 일	정체 모를 감정 무한 반복	⊙	맴도는 감정 빠져나감 감정 알고 잘 다루게 됨	상황, 감정 원인 적기
갈등 상황	내 감정에 매몰	⊙	의외에 자기 모습 상대 감정 알게 됨	상대 입장 적기
생각만 골몰	과거에 매몰 정체, 후회 반복	⊙	현재 욕구 알게 됨 생산적인 내면의 말 획득	과거와 현재 구분, 가지치기

Chapter 02

꿈을
이루는 말

꿈꾸는 것을 말하면
현실로 이루어진다

미래에 어떻게 살아갈 것인지에 대해 예전부터 꿈꿔오던 그림이 있다면 꿈을 말하자. 꿈을 말하면 내면 깊숙이 잠자고 있던 무언가가 일어난다. 너무 커서 나와는 상관없게 느껴져 이루어지지 않을 것만 같은 꿈을 말로 하면 상관있어진다. 내 곁으로 훅 다가온다. 현실에 지쳐 힘들 때 그 꿈은 더 생각난다. 또 살아가게 하는 힘이다. 말하는 것이 현실이 된다. 막연한 걸 진짜 내 것으로 이루게 된다.

꿈꾸는 것을 머리로만 생각하지 말고 말하자. 말한 대로 이루어진다. 꿈을 말하면 현실이 된다. '어떤 말을 만 번 이상 되풀이하면 반드시 미래에 그 일이 이루어진다'라는 인디언 금언이 있다. 이를 실천하기 위해 구체적으로 풀어보자. 1,095일 동안 매일 하루에 9.2회씩 꿈꾸는 것을 말하면 3년 후 현실로 이루어진다. 730일 동안 매일 13.7회씩 원하는 것을 말로 하면 2년 후 원하는 것은 현실로 이루어진다. 365일 동안 매일매일 27.4회씩 꿈꾸는 것을 간절한 마음으로 말하면 1년 후 꿈은 이루어진다.

만 번을 말로 하는 동안 말이 되기까지 내면의 말과 생각은 꿈꾸는 것에 몰입된 상태이다. 내면의 몰입과 입의 말은 행동을 이끈다. 꿈꾸는 것을 향한 한 사람의 모든 에너지는 이제 더는 어색하고 불가능한 것이 아니다. 이미 습관처럼 말하고 있는 내 말이 엔진이 되어 미래를 향한 순리가 되어있을 것이다. 꿈꾸는 것이 이루어질 것이라 확고히 믿으며 이미 이루어진 것처럼 느끼면서 말하자. 말하는 자기 말을 듣는 자신의 뇌는 잠자던 기능을 일깨워 자신의 한계를 뛰어넘는다.

이뤄질 거라는 확신이 뇌에 작용하여 몸이 어떻게 반응하는지 대뇌 생리학과 심리의 관계를 입증하는 실험을* 했다. 미국 캘리포니아대학 마취생리학 연구팀은 실험 참가자들을 대상으로 사랑니 수술을 하였다.

절반의 참가자 A팀에게는 모르핀을 투여했고 다른 절반 B팀에게는 진통 효과와 무관한 약을 투여했다. B팀 참가자들의 몸속에서 일어나는 화학 반응은 놀라웠다. B팀의 약 60% 인원에게서 확실한 진통 효과가 나타난 것이다. 더욱이 그들의 뇌에는 모르핀 200배 정도의 마취 효과가 있는 물질이 생성되었다.

모르핀의 효과를 기대한 확신은 뇌가 진짜 진통 효과를 느낄 수 있는 호르몬을 만들어 낸 것이다. 사실은 진통 효과와 무관한 약이었다. "난 진통제를 맞았으니 전혀 안 아플 거야."라고 상상하며 되뇌인 대로 이루어진 것이다.

이지성은 《꿈꾸는 다락방》에서 '생생하게 꿈꾸면 이루어진다'라고 한다.

성공한 사람들에게 배울 공통점이 있다. 자기 꿈에 대한 확신이다. 이룰 거라는 확신이 강할수록 성공은 기정사실이 된다. 자기 꿈이 이루어질 것을 진짜 믿으면 틈나는 내로 대수롭지 않게 사람들에게 말할 것이다. 이루어진 자기 모습을 생생하게 상상하고 느끼며 하는 말은 강력하다. 한 말대로 삶이 변한다.

실제로 그렇지 않더라도 말로 하면 뇌는 차츰 그 말을 믿게 된다고 뇌과학자들은 말한다. 자기 뇌가 들은 말을 이루기 위한 호르몬을 분비한다. "난 행복해"라고 반복해서 말하면 뇌는 행복을 느낄 수 있는 호르몬을 분비한다. 뇌에는 몸속의 끊임없는 화학 반응을 조정하는 자율신경계와 생각, 판단, 기억을 주관하는 대뇌 신피질이 있다. 대뇌에서 상상한 이미지가 자율신경계에 영향을 끼쳐 몸속의 화학 반응이 작동한다. 몸은 현실이 아닌 상상한 이미지일지라도 구분하지 못하고 현실처럼 반응한다.

《내뱉고 후회하는 말버릇 바꾸기》에서 예를 살펴보자.

레몬이 앞에 있다고 상상한다. 실제 먹지 않고 상상만 하더라도 위액과 침이 실제로 분비된다. 대뇌에서 상상한 이미지가 자율신경계와 연동되어 몸의 화학 반응이 나타난 것이다. 상상한 것을 현실로 받아들인 뇌가 몸에 작용한 결과물이다.

어떤 생각과 마음을 갖는지에 따라 몸은 다르게 작용하여 현실을 이룬다. 미래에 대한 불안함을 상상하고 느끼면 몸은 지금 현실로 일어난 듯이 반응한다. 뇌에서 곧바로 아드레날린을 분비해서 혈관을 수축시키기에 낯빛이 굳는다.

현실과 상상을 구별 못 하는 뇌의 특성을 기억하여 상상하며 말하자. 매일 매일 30분씩 꿈을 이룬 자기 모습을 상상하면 뇌는 실제로 꿈이 이루어졌다고 믿는다. 뇌는 꿈을 이루는 것과 관련된 요소를 가장 중요시 여겨 계속 떠올린다. 행동력과 진취적 태도, 인내와 자신감 있는 말투를 자연스럽게 갖춘다. 내가 꾸는 꿈은 이루어질 수밖에 없다는 확신이 실제로 이뤄지게 하는 핵심 키다.

《꿈꾸는 다락방》에서 저자는 자신을 가로막고 있는 나에게 진심으로 말하라고 한다.

"난 잘되고, 잘되고, 잘되고, 잘되고, 잘되고, 잘되고, 잘되고, 잘되고 …….(잘되고를 백번 이상 반복하기) 평생 잘 될 테니 아무 걱정하지 마. 난 그냥 눈부시게 빛나는 미래를 상상하며 지금 느껴지는 이 행복을 누릴 거야! 이미 나는 성공했어! 이미 난 세상을 다 가진 거야. 난 최고다!"

자기도 모르게 부정적인 공식으로 꽉 찬 무의식은 이 말을 들은 후 긍정 공식으로 바뀐다. 상상의 말과 믿음이 한 말을 현실로 이룬다. 기적이 시작된다.

자기충족적 예언(Self-Fulfilling Prophecy)이라는 심리 용어가 있다. 말한 대로 된다는 말이다. 자신이 미래에 대해 예상하거나 예언하는 방향으로 이루어진다는 것이다. 좋은 일이 일어날 거라고 말하면 좋은 일이 생긴다. 말이 씨가 된다는 말이다. 미국의 사회학자 로버트 머튼(Robert K. Merton)이 말했다. 사람이 어떤 것을 실제라고 믿으면 진짜 믿고 말한 대로 실제가 된다는 것이다.

애니메이션영화 「쿵푸팬더」에서 주인공 팬더 포가 깨닫게 되는 장면이다. 국숫집 아들이자, 먹고 노는 것이 천성인 팬더 포는 용의 전사가 되어 악당을 물리치고 평화를 지킨다. 가업을 잇기 원하는 아버지의 바람과는 달리 국수엔 관심이 없다. 악당 타이렁과의 전투를 앞두고 자신의 무능함에 실망한 포는 집으로 돌아온다. 절망에 빠진 포에게 힘을 주고 싶어 아버지는 가문의 국수 조리 비법인 육수의 비밀을 알려준다.

아버지: 이리 와 봐라. 육수의 비법을 말해주마. 비법은 말이야, 없어.

포: 네? 뭐라고요?

아버지: 비법 같은 건 없다고! 그냥, 국물이야. 특별하다고 믿으면
　　　　특별해져!●

그렇게 맛있는 국수 국물이 특별한 게 아니라 그냥 국물이라는 것에 놀란 포는 깨닫는다. 전설과 함께 내려온 용의 문서에 아무것도 없음을 다시 해석한다. 펼친 용의 문서는 거울같이 매끄러워 자신의 얼굴이 비치는 것을 보며 아버지의 말을 적용한다.

"내가 가진 것으로 용의 전사가 가능해져! 자신이 특별한 존재라고 믿으면 특별해지는 거야! 내가 바로 용의 전사다!"

이렇게 믿고 믿는 대로 이뤄졌다고 느끼며 말을 하자 진짜 그 말이 현실이 되었다.

원하는 것이 이루어지기를 바란다면 꿈을 적극적으로 그려보고 바라보며 매일매일 말로 하자. 일어났으면 하는 상황이 실현되도록 가장 구체적으로 상상하자. 상황을 생각하며 대처할 말을 준비하고 연습하는 것이 좋다. 꿈꾸는 것을 이미 이루어졌다고 상상하며 지금 행복을 느끼고 그에 합당한 말을 한다. 매일 매일 말한다. 말을 하면 막연했던 것이 더 선명해진다. 말을 들은 자신의 뇌가 그 말에 적합한 리듬과 호르몬을 분비하여 실제가 된다. 몸은 말이 이루어지기에 최적화된다.

국숫집 가업을 이어 안주하고 살 수도 있었던 포였다. 똑같은 조건의 내가 어떻게 믿고 말하는가에 따라 전혀 다른 인생을 살아 간다. 현재의 자신을 믿고 용의 전사라고 인정하니 실제가 되어 영웅의 삶을 살게 된 것처럼 말이다. 어떤 특별한 비법은 없다. 무엇이 되기에 완벽히 준비된 특별한 능력을 갖춘 사람이 따로 있는 게 아니다. 다만 믿자. 믿어주자. 믿고 실제 이루어진 사람처럼 행동하고 말하자. 이것이 꿈을 이루기 위한 진짜 능력이다. 되고 싶은 것을 믿고 반복해서 말하자. 꿈이 현실이 되어 기적의 경험들을 말하게 될 것이다.

실천 팁 꿈꾸는 것을 이루는 기적의 말

현실에 안주하게 하는 경직된 말	꿈꾸는 것이 현실이 되는 기적의 말
믿지 않음	믿음 · 믿어줌
어디 되겠어?	잘 되고 잘될 거야. 넌 이미 잘되고 있어.
일어나지 않은 것을 걱정함	하루 9.2회씩 3년에 걸쳐 만 번 말함
어려워. 못해요.	난 해가 잘 드는 창문이 넓은 그림 같은 집에서 살 거야!
남처럼 되려 함	가장 자기다울 때 가장 세짐
저 사람은 똑똑하고 예쁘니까.	난 용의 전사야. 난 특별해. 내 기질로 충분해.
지금 당면한 문제만 바라봄	구체적으로 반복해서 일상어로 말함
말도 안 돼. 그걸 어떻게 해?	난 논문을 마흔이 되기 전에 마칠 거야.
한계에 머무름	이루어졌다고 믿으며 말함
지금은 돈이 너무 없어.	이미 난 성공했어. 이미 난 행복해!

말은 말한 대로 이루는
신비한 힘이 있다

　말에는 힘이 있다. 말이 씨가 된다는 말도 있다. 말하는 대로 이루어
진다는 뜻이다. 말을 하면 하는 대로 생각하게 된다. 자기가 한 말이나
남에게 들은 말로 자신을 인식한다.

　인식은 중요하다. 인식하기에 따라 행동을 유발한다. 인식하는데 가
장 큰 영향력을 끼치는 것은 암시이다. 다른 사람의 말과 자기 말을 통
한 암시가 자신을 만들어간다. 남과 자신에게 도움이 될 수 있는 암시
의 말을 하자. 다른 사람의 말이 도움을 주지 않고 거슬리는가? 원하는
방향으로 갈 수 있도록 남의 말을 걸러내자. 되고자 하는 방향으로 자
기 암시를 하자. 다른 사람의 말이 아닌 내가 말하는 대로 자신을 인식
하게 될 것이다.

　자신과 다른 사람에게 도움이 되는 암시는 어떤 것일까? 암시에는 두

종류가 있다.

첫째, 남이 하는 말이 주는 암시이다.

다른 사람이나 TV, 영화, SNS를 통해 듣는 말이다.

둘째, 자기 암시다.

스스로 자신에게 하는 말이다. 남이 하는 암시의 말은 어떤 말을 어떻게 듣는가에 따라 인식이 달라진다. 자기 암시의 말도 이떤 말을 얼마나 자주 하는지, 내용과 횟수에 따라 인식의 정도가 결정된다.

변화하고 싶은 모습이 있다면 그 방향으로 나아갈 수 있는 자기 암시의 말을 해야 한다. 때로는 실망하여 자책하는 말이 나올 수도 있다. 그 상태를 인정하며 자신에게 말하는 것이다. 자책은 격려로 바뀌고 다시 위풍당당한 자신이 되어 세상을 대면하고 있을 것이다.

"또 이랬어. 내 이럴 줄 알았어. 네가 뭘 하겠니? 어쩌지."

"안 돼. 안 될 거야."

"정신 나갔어. 이 바보~. 멍청해 정말."

타인과 자신을 죽이는 암시의 말이다. 이런 말을 반복적으로 듣는다면 어떨까? 말의 힘이 있기에 듣는 사람 자신도 모르게 몸과 마음이 그 말에 적합하도록 맞춰진다. 남이 하는 말로 자신을 인식할 것인가 아니면 내가 원하는 나로 인식될 것인가는 자기에게 달렸다. '나는 그 말을 받아들이지 않을 거야. 그의 말에 다 동의할 필요는 없어.' 다른 사람의 말을 걸러내고 바꾸어야 한다.

▶ "이럴 수도 있지. 다음엔 다르게 해보자."

"돼. 할 수 있어. 이미 잘 되고 있어. 난 나아지고 있다."

"난 매력적인 사람이다. 넌 창조적인 사람이야."

이러한 말은 타인과 자신을 위한 암시의 말이다. 도움이 되는 자기 암시를 통해 자신을 인식하고 말대로 되는 과정을 정리해 본다.

① 정확한 사고

자신이 나아가고자 하는 방향을 방해하는 다른 사람의 말을 들었다 치자. 또는 자신을 방해하는 자기 암시를 자주 한다 치자. 되고자 하는 모습이 있다면 원하는 방향으로 가기 위해 걸러낼 것을 거르고 정확한 사고를 해야 한다.

"당신은 그것밖에 못 해? 너 같은 애가 뭘 하겠니?"(×)

"넌 너무 살쪘다. 네 코는 왜 그렇게 생겼어?"라는 말을 들었을 때도,

"난 어제보다 더 나아졌어. 난 뭐든지 할 수 있어! 난 존중받는 소중한 존재야."(○)

"난 내가 좋아. 내 인상은 더 푸근해졌어. 다만 움직임이 둔해지지 않도록 조절하자. 외모로 사람을 평가하는 저런 사람은 내 스타일 아니야. 멀리하자, 퉁!"이라고 걸러내면 된다.

② 자기 암시

방해되는 남의 말과 자기 암시는 필터링하고 더는 연연하지 않는다. '그래, 잘하고 있어. 앞으로 모든 것이 더 나아질 거야. 난 정말 현명해', '잘 풀리고 있어. 난 할 수 있어! 할 수 있다! 할 수 있다! 원하는 대로 살 거야.'라고 자신에게 도움이 되는 말로 자기 암시를 한다.

③ 인식

반복적으로 하는 자기 암시를 인식하게 된다. 실제로 그렇게 행동한다. '미운 사람 떡 하나 더 주자. 난 현명한 사람이니까.' 자신을 현명하게 인식하면 언어와 행동이 더 현명해진다.

④ 행동

말한 것은 인식하고 인식한 대로 행동한다.

말이 얼마나 중요한지 말이 가진 힘에 관한 사례는 여러 연구를 통해 증명하고 있다. MBC다큐멘터리 「말의 힘」에서 실험한 사례이다. 두 그릇의 쌀밥을 준비하여 각각 다른 말을 반복한 후 살펴보았다. '고맙습니다'라고 말한 밥에는 하얀 누룩이 생겼고 '아 짜증 난다'라는 말을 들은 밥에는 검은 곰팡이가 슬었다. 이처럼 말에 따라 전혀 다른 결과가 나타났다.

피그말리온 효과는 로젠탈 효과라고도 한다. 그리스 신화에 등장하는 조각가 피그말리온의 애틋한 사랑에서 유래했다. 피그말리온은 여인상을 조각한 후 그 여인상을 진짜로 사랑하게 된다. 그는 간절한 마음으로 여인상이 사람이길 소망한다. 그의 사랑에 감동한 여신(女神) 아프로디테는 조각상에 생명을 주게 된다. 피그말리온 효과는 행위자가 기대하는 대로 이루어진다. 다른 사람이 자신에게 기대하고 존중하면 그것에 부응하려고 노력한다는 뜻이다.

하버드 대학교 사회심리학과 로젠탈(Rosenthal, Robert) 교수는 교사의 기대가 학생에게 얼마나 큰 영향을 미치는지 실험했다.

한 초등학교에서 지능 검사를 한 후, 무작위로 약 20%의 학생 명단을 뽑았다. 교사에게 주며 지적 능력과 학습능력의 향상 가능성이 크다고 말했다. 8개월 후 다시 지능 검사를 한 결과 뽑혔던 학생들의 평균 점수가 다른 학생들보다 더 향상되었음을 알 수 있었다. 이로써 학생들에 대한 교사의 믿음과 기대는 실제로 학생의 능력을 향상하는 심리적 요인으로 작용함을 알게 되었다.

《운을 부르는 부자의 말투》에서 '지금 그렇게 여기지 않더라도 그냥 어떤 말을 하면 실제가 된다'라고 한다.

"나는 지금 내가 하는 이 일이 참 좋아!"

사실은 '좋다'라고 말할 수 없더라도 반복해서 말하면 나의 말을 내가 듣는 동안 어느새 진짜 좋아하게 된다. 이것이 말의 힘이다. 더 중요한 것은 말의 능력에 앞서 대화에 대한 감사하는 마음이다. 누군가와 대화하고 말할 수 있다는 것 자체에 즐거워하고 감사하도록 하자. 대화할 때 실수와 상처에 대한 두려움과 자책을 버리는 용기가 필요하다. 그러면 말을 대하는 태도와 실제 하는 말을 통해 꿈은 이루어진다. 도움이 되는 자기 암시로 말한대로 되는 말의 힘을 경험할 것이다.

실천팁 나와 남을 죽이고, 살리는 암시의 말

나와 남을 죽이는 암시의 말	나와 남을 살리는 암시의 말
당신은 그것밖에 못 해?	난 날마다 더 나아지고 있어.
정신 나갔어. 이 바보~. 멍청해 정말	난 매력적인 사람이다! 넌 창조적인 사람이야! 난 원하는 대로 살게 된다!
너 같은 사람이 뭘 하겠니?	난 뭐든지 할 수 있어! 난 할 수 있다! 난 존중받는 소중한 존재야
난 너무 살쪘다. 네 코는 왜 그렇게 생겼어?	난 내가 좋아. 다만 움직임이 둔해지지 않도록 조절하자. 외모로 사람을 평가하는 저런 사람은 내 스타일 아니야. 멀리하자. 퉝!

부정어를 사용할수록
뇌는 기억한다

 '~을 하지 마'라는 부정적 금지어는 듣는 이에게 오히려 더하고 싶어하게 한다. 누군가로부터 "~을 그만해" "그러면 안돼"라는 말을 들으면 그때부터 그 말이 각인되어 더 얽매인다. 시험에 떨어져서 힘들어하는 사람에게 "너무 실망하지 마. 슬퍼하지 마."라고 하는 것은 위로가 되지 않는다.

 자신에게 하는 말도 마찬가지이다. 무언가에서 벗어나고자 말로 하면 뇌는 그 단어만 기억하게 되어 그 말의 뜻과는 반대로 작동한다. "잊자. 더는 기억하지 말자."라고 말할수록 잊고 싶은 그 기억이 되살아난다. "~하지 말자."라고 하면 오히려 부정적 금지어에 매어 그 말에 집중하게 된다.

 중년의 P씨는 아내를 위해 신장 이식을 결심하고 수술을 마친 후 회복실에 있었다.

회진하던 의사가 말했다.

"수술은 잘 됐습니다. 음식 조절은 매우 중요합니다. 앞으로 짠 음식은 절대 삼가하세요."

"선생님, 회복되면 꼭 먹고 싶은 것이 있는데요, 갈치 젓갈을 먹어도 되겠죠?"

"아니요, 안 됩니다. 젓갈은 먹지 마세요."

의사의 말을 들은 후, P씨는 그 순간부터 갈치 젓갈에 꽂혔다. 그 순간부터 먹는 것에 민감해져 식사시간마다 갈치 젓갈에 관련된 것만 생각했다. '젓갈은 먹지 마라.'라는 말을 듣고, 먹고 싶은 마음이 더욱 간절해진 것이다.

"흰 쌀밥에 갈치 젓갈을 얹어 한 숟갈만 먹으면 정말 좋겠다. 아, 내가 왜 수술을 한다고 했지? 수술하지 않았다면 얼마든지 먹을 수 있을 텐데…."

생각의 꼬리를 물고 어느새 이식수술을 자처했던 자신을 원망하고 있는 모습에 스스로 놀란다. 그 말에 매어 반대 행동을 더 강렬하게 느낀다.

버지니아 대학 대니얼 베그너(Daniel Wegner) 박사의 심리학 연구팀은°실험 대상자에게 어떤 지시를 한 후 심리의 흐름을 살펴보았다. 그 결과 오히려 지시한 것과는 반대로 실험 대상자가 변화된다는 것을 확인

했다. "마음 편히 가져요."라고 말한 후 실험하니 오히려 대상자는 긴장하더라는 것이다. 또 "슬퍼하지 마라."라고 말한 뒤 슬픈 추억에 대해서 내려 가도록 했다. 결과는 지시받지 않은 사람보다 지시받았던 대상자가 더 많이 슬퍼하는 것으로 드러났다.

이를 '아이러니 효과'라고 한다. 어떤 말을 하면 오히려 들은 그 단어대로 되어가는 모순적인 심리 작용을 말한다. "긴장 풀어. 긴장할 필요 없어."라는 말을 아무리 부드럽게 한다 해도 듣는 사람은 더 긴장한다. "편하게 있어."라고 말하면 상대는 불편하게 여긴다는 말이다. 설득하고자 할 때 자신이 원하는 것을 이루고자 '아이러니 효과'를 사용하기도 한다.

생각하고 싶시노 않은 사건을 경험하고 괴로워하는 친구에게 '잊어라'라고 말하기 일쑤이다.

"그 사람이 너에게 결국 상처만 줬어."

"이제 우리 헤어졌어."

"정말! 잘 됐다. 내 속이 다 시원하다 얘. 그냥 잊어버려. 생각하지도 마."

헤어진 당사자는 친구의 말대로 잊어버릴까? 생각조차 하지 않을 수 있을까? 말대로 되면 좋겠지만 '잊자, 잊어버리자!' 되뇌며 노력할수록 고민하던 사람은 그 말에 매어 더 생각한다.

미국 디먼 대학의 심리학자 리처드 심바로(R. S. Cimbalo)의 연구에서 다음과 같이 밝혀졌다.

단어 60개를 주며 한 그룹에는 '외워라'라고 하며 암기하도록 지시했다. 또 다른 그룹에는 '잊어 달라'고 지시한 후 기억 정도를 테스트했다. 그 결과 '잊어 달라'고 주문받은 그룹의 64.8%가 기억을 했다. 이는 '꼭 외워 달라'고 지시받은 그룹에 비해 더 높은 결과였다.[*]

사람의 말과 뇌 신경과의 연관성을 다룬 이론이 신경언어프로그래밍(Neuro Linguistic Programming) 즉, NLP이다. 심리학을 바탕으로 하며 생각과 행동의 작동 원리를 일고 말이 뇌 신경에 작용하여 생각과 행동을 바꿀 수 있다는 이론이다. 예를 들어 '레몬'이라는 말을 들으면 '시다'라는 감각을 연상한다. 뇌 신경은 '신맛'을 연상하기에 표정과 부르르 떠는 몸짓까지 연결된다.

NLP 이론에 의하면 말을 들었을 때 자신에게 더 영향력 있는 단어에만 집중한다는 것이다. '생각하지 마'라고 하면 '생각'이라는 단어를 부각해 생각에 더 집중하도록 한다. '생각'에 집중함으로 인해 걱정하는 심리를 자극한다.

소풍 전날 또는 중요한 행사 전날, '긴장하지 말고 편히 자자'라고 하면 누워서 잠들지 않았던 경험이 있을 거다. 그 말을 들으면 오히려 '긴장'이라는 말에 치우쳐 생각한다. 몸은 더 바짝 긴장하게 되어 뜬 눈으로 쉽게 잠을 이루지 못한다. 큰일을 앞둔 사람에게 '긴장하지 마', '편하게 생각해라'라는 말은 더 긴장하게 하고 더 부담을 준다. 뇌가 인식하는 가장 영향력 있는 인상적인 핵심 단어를 빼고 말하자.

"자, 따뜻한 차 좀 마셔."

떨리는 상대의 뇌 신경은 '따뜻한'이라는 말에 집중하여 몸과 마음의 긴장을 풀어 놓는다. 뇌는 그 말을 기억하고 드러나는 말대로 따뜻한 몸과 마음, 감각을 일체화시킨다. 안정적인 정서와 편안한 심리 상태를 이룬다.

뇌에 각인되는 핵심 단어 즉 전달하고자 하는 그 단어를 제외하고 말하자. 그렇게 표현해도 의미가 전해져서 원하는 대로 이룰 수 있다. 뇌신경이 음성기관과 표정을 통제하고 관리한다는 것은 이미 여러 연구를 통해 알려진 바이다. 감정은 대뇌변연계를 통하여 이루어지고 말투나 특정 단어에 따라 긍정적이거나 부정적인 감정이 생길 수 있다.

언어 공격을 받았을 때 발끈하여 되받아친다면 상대가 사용한 그 언어를 인정한 것이다.

"소리치지 마."

"내가 언제? 난 소리치지 않았어."

"너무 감정적으로 말하지 말라고."

"아니, 착각마. 흥분한 건 너야."

이미 상대의 말을 인정한 것이다.

쇼트트랙 빙상 선수는 금지 사항을 되뇌지 않고 목표하는 바를 되뇌며 시합에 임한다. 그들은 경기라는 짧은 순간에 오랜 기간 갈고닦은 실력을 최상으로 발휘해야 한다. 그 어떤 직업보다 긴장되는 일이다. 그래서 시합 전 선수에게 부정적인 언어를 사용하지 않는 것은 철칙이다. 감독은 시합을 치르기 직전 "넘어지면 안 된다. 절대 긴장하지 마."라고 말하지 않는다. 그 대신 "첫 번째 커브에서 선두로 나서자!"라고 말한다. 뇌에 각인되어 심리적으로 긴장할 수 있는 말을 삼가는 것이다. '하지 마', '그만해'라고 부정적 금지어를 사용하면 할수록 뇌는 그 부정적 단어를 기억한다. 그 말에 꽂혀서 오히려 얽매인다. 긍정적 표현을 사용해야 할 이유이다.

아이러니 효과와 신경 언어프로그래밍(NLP) 이론을 환기해 보자. 말과 뇌가 연동되어 움직이고 감정과 심리 또한 함께 작용한다는 것을 기억하자. 이제부터 자신과 다른 사람에게 긍정적인 표현을 하자. 뇌에 각인되는 핵심 단어 즉 전달하고자 하는 그 단어를 제외하고 말하자.

실천팁 부정적 말과 긍정적 말 표현

부정적 말 표현	긍정적 말 표현
슬퍼하지 마. 잊어버려.	많이 힘들었겠다. 힘들었을 텐데 말해 줘서 고마워. 버텨줘서 고마워.
절대 긴장하지 마.	따뜻한 차 좀 마셔.
지각하지 마.	시간을 지켜서 오자.
인상 좀 쓰지 마.	상큼한 미소를 짓자.

나의 이야기에는 힘이 있어
커다란 울림이 있다

　누구에게나 자신의 이야기가 있다. 나의 이야기는 듣는 이에게 가장 큰 공감을 불러일으킬 수 있으며 힘이 있다. 내 이야기에는 한 사람의 삶이 녹아 있어 그 사람의 인생을 알 수 있다. 나의 이야기는 한 개인의 역사이다.

　TV나 다양한 매체를 통하여 저명한 사람들의 이야기를 듣는다.

　"와 정말 대단하다. 어떻게 저런 삶을 살았을까? 저렇게 훌륭한 삶이니까. 세상에 알려지는 거겠지."

　자신과는 동떨어진 세상의 일처럼 느낀다. 동떨어졌다는 것은 자신이 흔히 체험할 수 있는 삶이 아니다. 다른 세상의 특별함으로 느껴진다. 여기서 다른 세상의 특별함이라는 것은 두 가지 측면에서이다. 그 이야기 자체가 대단하다는 말이고 세상에 드러난 사실 또한 대단하여 멀게 느껴진다는 말이다.

당신이란 사람도 대단하다. 아직 다 듣진 못했으나 당신의 삶도 참 공감된다. 세상에 버려진 사건은 하나도 없다고 한다. 그 나름대로 색채가 있고 의미가 있다. 즉 쓸모없는 순간은 없는 것이다. 좌충우돌 실수해도 괜찮다. 실패를 동기 삼아 새롭게 도전할 수 있어서 사람이다.

모든 순간이 과정이기에 더욱 아름답다. 절내, 바뀌지 않을 듯히고 결정 나서 끝난 것 같다가도 어느새 달라져 있는 경험을 한다. 용서되고 용서받으며 도저히 믿기지 않던 일이 일어나 변화 받은 인생을 이미 살고 있기도 하다. 바로 당신의 이야기이다. 그리고 나의 이야기이다.

이야기할 때 나의 이야기를 하자. 척하지도 말고 자랑삼아 이야기 하지 말자. 다른 사람에게 공감을 불러일으켜서 힘이 되는 이야기를 하자. 어떻게 하는 것일까?

① 꾸밈없이 있는 그대로 이야기한다

내 이야기는 힘이 있고 듣는 이에게 공감을 준다. 이유는 무엇일까? 진정성이 최대치이기 때문이다. 미사여구 없이 사실과 느낀 정서로 채워진 내 이야기는 진솔하다. 내 이야기를 통해 진솔하게 자기 연약함을 드러낸다. 그 부끄럽고 약한 모습이 듣는 사람 자신에게도 동일하게 있기에 공감이 되고 울림이 자연스럽게 생긴다. 솔직함과 진솔함이 힘이다.

잊고 싶을 만큼 수치스럽고 억울했던 일은 도려내고 좋았던 기억만 이야기한다면 어떨까? "와, 대단하다.", "정말 아름다운 얘기야. 예쁘

네."라고 감탄하면 끝, 남는 게 없다. 흥미로울 수는 있어도 공감보다는 거리감을 느끼기 쉽다.

물론, 힘들었던 이야기를 질척거리며 무겁게 늘어놓으라는 말은 아니다. 다만 그토록 힘들었던 내 이야기 속 사건은 똑같진 않더라도 누군가 비슷한 질감으로 경험했을 이야기라는 거다. 수치심, 분노의 감정은 인간이라면 누구나 느낄 수 있고 언젠가 느껴봤을 감정이다. 자신을 높일 수 있는 소재만 골라서 말하지 말자. 간 보지 말고 그냥 있는 대로 꾸밈없이 이야기하자. 용기가 필요하다.

방법은 있어 보이려 하지 않기다. 멋져 보이려 하지 않기다.

② 작은 이야기부터 시작한다

별거 아니고 아무것도 아니라고 느껴지는 이야기부터 시작한다. 앞에서도 말했듯이 순간순간 소중하기에 쓸모없는 이야기는 없다. 단지 의미를 발견하는 것은 자신의 몫이다. 그 이야기에 기승전결을 만드는 감독도 자신이다. 나의 소소한 부분을 찬찬히 탐색하면 발견할 수 있다. 서툴더라도 소박한 이야기가 만들어진다. 나의 작은 이야기에 애정을 주면 된다.

"뭐 이런 걸 이야기해? 아무것도 아니야. 창피해. 우스울 거야."

이렇게 생각하면 세상에 내 이야기를 할 수 있는 사람이 있을까? 막상 그 당시에는 알지 못한다. 나의 작은 경험이 연결되어 훗날 자신을 만드는 재료가 된다는 것을.

"그땐 정말 내게 왜 그런 일이 생겼는지 이유를 모르고 힘겨웠는데.

오늘에서야 알게 되었다."

"그게 이렇게 쓰였네."

알게 된다. 그 연결 고리를 알게 되면 내 이야기가 더 풍성하고 깊어진다. 가까운 지인에게 먼저 이야기해 보자. 작은 소소한 내 이야기를 일상에서 하자. 그 작은 무대와 공간에서 내 이야기로 소통하고 성공하는 경험을 쌓자. 버스에서 어르신께 자리를 양보해 본 경험이 있던 아이가 커서도 베풀 줄 안다. 나의 작은 이야기부터 시작한다.

③ 자신의 연약함이 드러난다

자기 이야기에는 희로애락의 감정과 함께 일어난 사실이 재료이다. 그 속에는 나의 성향이나 장점, 단점, 상황을 바라보는 가치관과 해결 능력도 녹아 들어있다. 중요한 것은 자신의 약점에서부터 이 모든 이야기가 파생된다는 것이다. 나의 약한 점, 내가 연약하고 부족해서 힘들었던 부분에서 이야기는 출발하기 쉽다.

"저는 어릴 적부터 잘 울었어요. 누군가 조금만 노엽게 해도 바로 울어버리곤 했죠. 옛날 부모님은 자녀와 소통이 무뚝뚝했잖아요. 저도 어릴 적 감정을 수용 받는 경험이 부족했어요. 그러다 보니 감정을 표현하는 방법을 잘 몰랐어요. 조금만 무안하거나 노여워도 크게 서러워했지요. 평상시 즐거울 때는 정말 잘 웃는 아이였죠. 긍정의 감정 또한 옆에 사람들이 깜짝 놀랄 만큼 바로바로 매우 크게 표현하는 강점을 지녔어요.

잘 운다는 제 약점을 극복하기 위해 저는 자신을 탐색하는 시간이 습관화되었어요. 잘 웃는 제 강점을 극대화하였고 이제 누구보다도 평소에 많이 웃어요. 이 자리도 웃으며 함께 살아갈 힘을 나누고 싶어 마련했어요. 'K-FUN 작가'라는 애칭은 여러분이 지어주셨습니다. 결국, 제 연약함은 지금의 저를 만들어 낸 원재료가 되었습니다. 잘 우는 아이가 아니었다면 그럭저럭 무던한 사람으로 살고 있겠죠. 제 연약함 덕분에 지금 이렇게 감정을 통한 소통 작가로서 여러분과 함께할 수 있어 감사합니다."

K 작가는 자신이 겪은 일에서 무엇을 느꼈으며 얻은 것이 무엇인지 이야기한다. 그 과정이 내게 어떤 의미이며 현재까지 어떤 결과를 맺었는지 말하고 있다. 이런 나의 이야기 속 내 약함은 듣는 사람에게 다가가 건드린다. 듣는 이의 삶 어느 부분과 교차 되는지, 바로 적용할 수 있는 건 어떤 것인지 알게 한다.

④ 자기 신념이 나타난다

같은 일이라도 사람에 따라 내 이야기의 의미 있는 소재가 될 수도 있고 그냥 지나칠 수도 있다. 나에게는 그 일이 인생에 중요한 긍정적인 터닝포인트인데 당신에게는 부끄러운 일일 수 있다. 각자 신념이 다르기 때문이다. 중요하게 여기는 초점이 다르기에 다른 이야기로 전개된다. 또는 의미 있는 이야기로 만들어진다.

⑤ 구조에 따라 이야기한다

경험 자체로 공감되는 이야기가 있을 수도 있다. 대부분 나의 이야기는 구조가 있다. 나와 당신의 이야기에도 구조를 세워 그에 맞는 내용을 그려내면 더 단단해진다. 구조를 보자.

- 내 연약함과 약점이 드러난다.
- 문제를 제기한다. 문제를 의식하고 발견한 후 뭔가 바꾸고 싶은 욕구가 등장한다.
- 자기 신념이 드러난다.
- 과정과 결과가 나타난다. 확신에 의한 반복적인 행동 및 그 결과이다.
- 발견한 의미를 부여한다. 나와 타인의 삶에 미친 영향이다.

나의 이야기는 이러한 과정을 통해 공감을 불러일으키는 힘이 있다. 우리는 한 명도 같지 않다. 각자의 이야기가 있고 그 이야기를 존중받을 때 얼마든지 영향력을 미칠 수 있다.

당신의 작은 이야기부터 시작하라. 자신이 보기에 하찮게 보여도 누군가에겐 깊은 울림이 될 수 있다. 당신에겐 어떤 연약함이 있는가? 약함을 드러내는 당신의 이야기는 힘이 있고 공감을 많이 받을 수 있다. 용기 내어 드러내라. 그 약함이 세상에 드러날 때 강해진다. 내 약점은 이야기하는 나와 듣는 이 모두에게 긍정적인 방향으로 향하게 하는 강력한 도구이다.

말에는 사람을 변화시키는 영향력이 있다

"무심코 던진 돌맹이에 개구리는 죽을 수 있다."

"무심코 한 말에 어떤 사람은 쓰러질 수 있다."

아무리 가벼운 말일지라도 자신이 한 말에 큰 영향을 받는 사람이 얼마든지 있을 수 있다는 말이다. 긍정적인 영향을 끼쳤다면 서로에게 득이 되겠지만, 의도와 관계없이 부정적인 영향을 끼칠 수 있다. 내 말이 어떤 영향을 미치는지 알고 쓰자. 주로 어떤 말을 사용하며 어떻게 말하는지 점검하자. 내 말은 언제 긍정과 부정적인 영향을 주는지 알고 사용해야 한다.

말의 영향력은 사람을 변화하게 한다. 엄밀히 말하면 듣는 사람 본인이 스스로 변화하게 하는 것이다. 말하는 사람이 상대를 변화시킨다기보다 듣는 사람이 스스로 변화하고 싶게 만드는 것이다. 그럴 수 있도록 동기를 유발하는 것이 영향력이다.《어린 왕자》의 작가 앙투안 드 생텍쥐페리의 말은 말의 영향력에 관해 잘 표현하고 있다.

"배를 만들고 싶은가? 사람들을 숲으로 불러 나무와 도끼, 망치를 주고 만드는 방법을 알려줘야 할까? 아니다. 광활한 바다를 꿈꾸며 나아가고 싶은 마음이 들도록 동경심을 심어 줘라."

변화하고자 하는 주체가 말하는 사람일 때는 강제성과 완력으로 듣는 이가 수동적일 수 있다. 수동적이라면 변화는 쉽지 않다. 듣는 사람이 변화하고자 하는 욕구와 의지가 있다면 그 주체는 능동적으로 움직일 것이다. 스스로 변화하려는 능동적인 태도가 갖추어졌다면 말은 듣는 이에게 긍정적인 영향을 준 것이다. 헤더 포레스트(Forest, Heather)의 그림책《해와 바람》은 외투 벗기기 내기에서 긍정적인 영향력과 부정적인 영향력의 차이를 적나라하게 보여준다. 바람이 강제로 사람의 옷을 벗기려 하니 부정적인 영향을 받은 사람은 저항한다. 그러나 해는 따스한 햇볕을 사람에게 비춰주니 긍정적인 영향을 받은 사람이 스스로 옷을 벗는다.

미러링 효과

아이는 어른의 말을 닮는다. 어른이 하는 말을 듣고 그 말을 배운다. 갓난아기는 엄마의 반응으로 자기 이미지를 만들어가고 세상을 알아간다. 배가 고파 울면 엄마는 우유를 준다.

"우리 아가, 배가 고프구나. 얼른 먹자. 배고팠어? 그래그래, 아이 예뻐!"

아기는 자신이 접촉하거나 본 것으로 세상을 느낀다.

"배가 고파 신호를 보내면 바로 우유를 주는구나. 포근해서 참 좋아. 세상은 이렇게 따뜻하구나."

엄마는 아기의 욕구와 감정을 읽어 반영한다. 엄마의 말은 그대로 습득하여 자기 말로 삼고 자기감정을 알며 세상을 느낀다. 엄마가 어떻게 반영하며 반응하는가에 따라 아이의 인식은 달라진다. 엄마의 말과 행동이 아이에게 큰 영향을 미친다.

이를 '미러링 효과(Mirroring Effect)'라고 한다. 상대의 말이나 행동, 감정을 거울 보듯이 그대로 따라 하는 것이다. 마음에 드는 사람이 말하면서 머리를 만지면 자신도 모르게 머리를 만진다. 또한, 어떤 사람과 친밀해지고 싶다면 그와 대화할 때 그의 말을 그대로 미러링 해주자. 그의 행동을 눈치채지 못하게 한 박자 쉰 후 따라 한다. 한 실험의 결과로 여성들은 미러링 기법을 사용한 남자에게 더 큰 호감을 느꼈다. 말따라 하기(verbal mirroring)는 칼 로저스(Carl Rogers)의 연구를 기초로 한 기법으로 누군가와 잠깐만에 친밀감을 높일 수 있는 방법이다.

미러링 효과는 '거울 뉴런(Mirror Neuron)'으로 설명하기도 한다. 거울 뉴런은 다른 사람의 말을 듣고 행동을 보는 것만으로도 마치 자신이 그 말과 행동을 할 때처럼 같은 반응이 나타나는 신경세포이다. 원숭이 실험을 통해 사람이 아이스크림 먹는 것을 보기만 해도 먹이 먹을 때와 같은 뇌의 활성화가 이뤄짐을 확인했다.＊ 이처럼 말과 행동은 미러링과 거울 뉴런을 통해 서로에게 큰 영향력을 주고받는다.

아기와 엄마 사이뿐 아니라 모든 관계에서 사람의 말은 미러링 효과를 통해 서로 닮는다. 서로 영향력을 끼치며 변화를 요구하고 변화하고자 하는 의지를 갖는다. 내가 하는 말이 내 소중한 사람에게 조금씩 스며든다. 내 말투가 누군가를 슬프게 한다고 상상하면 실망스러울 것이다. 아이들이 따라 해도 괜찮을 말투를 사용하자. 듣는 이가 스스로 변화하고 싶게끔 말의 영향력을 발휘하도록 하자.

언행일치 _삶과 일치하는 말에는 영향력이 있다

만약 말과 행동이 다르다면 어떨까? 말해 놓고 지키지 않는다면 어떤 영향력을 발휘하게 될까? 부정적인 영향을 미칠 것이다. 신뢰하기 어렵게 될 것이다. 또한 그 말은 신뢰를 잃어 영향력이 사라진다.

동네에서 좋아하는 칼국수 집이 있다. 언제라도 찾아 가고 싶다. 맛은 물론이고 음식의 양과 무한리필이라는 처음의 서비스를 지금도 지속하기 때문이다. 개업한 지 30년이 넘은 이곳은 시작할 때 내세운 말을 지금도 변함없이 지키고 있어서 믿음이 간다. 자신이 내 건 말을 끝까지 실천하는 경우가 흔치 않기에 언행일치를 높이 평가한다.

말과 행동이 일치하지 않을 때 사람들은 그 행동을 더 믿는다. 캐나다 마운트 세인트 빈센트 대학교 교수인 미셸 에스크릿(Michelle Eskritt)의 실험은 이를 잘 나타낸다. 주스를 마시며 "와, 참 맛있네."라고 말하게 했다. 동시에 전혀 맛없다는 찡그린 표정을 짓게 했더니 성인들은 "주스가 맛이 없구나."라고 판단했다. 이 결과로 사람들은 말이 아닌 표정이나 행동을 더 믿는다는 것을 알 수 있었다.

행동으로 지속하기 어려운 말은 처음부터 하지 않는 편이 좋다. 말을 해놓고 실제로 하지 못하면 아예 말하지 않는 것보다 더 부정적인 평가를 받는다.

"저 사람은 말만 하는 사람이야. 약속을 안 지켜."

신용을 잃기 쉽다. 화자가 우스워질 수 있고 그 기업이 위기를 맞을 수도 있다. 차라리 말하지 않고 기대치보다 더한 행동으로 보여주면 강한 신뢰가 쌓인다. 말과 행동이 같은 사람은 자기 말로 다른 사람에게 긍정적인 영향을 준다.

자기 분야에서 영향력을 끼치는 대부분의 사람은 말과 행동이 같다. 삶 자체로 교훈이 될 만한 영향력을 지녔기에 신용은 필수이다. 신뢰를 주는 사람의 말 한마디는 중요하다. 중요한 만큼 함부로 하지 않으니 그의 말은 더 큰 영향력을 갖는다. 영향력은 지도력이다. 그의 말로 한 사람이라도 변화하거나 영향을 받는다면 그는 지도자이다.

《역경지수. 장애물을 기회로 전환해라》에서 폴 스톨츠(Paul G. Stoltz)는 역경지수(AQ)에 관해 말했다. 역경지수(Adversity Quotien)란 역경을 이겨내는 힘의 지수이다. 대다수 지도자는 역경을 만났을 때 다시 일어나서 그 장애물을 넘어간다. 그렇게 넘어서 혼자 가는 것이 아니라 역경에 부딪힌 다른 사람에게 손을 내밀어 같이 넘어가는 사람이다. 이런 사람이 리더이다. 역경을 이겨낸 수많은 리더가 그랬다. 그들은 삶이 증거이기에 말 한마디에 큰 힘이 있다. 말은 긍정적인 영향을 미친다.

어떤 일이든 실패한 경험 또한 삶이다. 인생에서 온몸으로 터득한 재료이자 성공의 자산이다. 현재 해내고자 하는 일에 있어 실패를 거듭하고 좌절을 경험할지라도 의지가 있는 사람에게 큰 힘으로 작용한다.

"당신이 이제까지 걸어온 길은 그게 어떤 것이든 절대 하찮지 않다."

켄터키 프라이드 치킨(KFC)를 창업한 커넬 샌더스(Colonel Sanders)가 한 말이다.

어떠한 삶을 살았든 말은 신용이며 한 사람의 역사이다. 삶이 증거가 됨을 기억할 때 말은 더 신중해진다. 더욱 소중해진다. 또한 일상에서 하는 작은 대화에서의 내 말 한마디가 쌓여 삶을 이룬다. 내 말이 상대를 기쁘게 하고 힘들어하는 사람들을 살아나게 할 수 있다. 내 말을 다독이고 다스리자. 듣는 사람이 스스로 움직이게 하는 말을 하자. 긍정적인 영향력을 발휘할 것이다.

상대가 스스로 움직이게 하는 말

상대를 움직이려는 주입식 말	상대가 스스로 움직이게 하는 동기부여 말
밥 좀 많이 먹어라.	아, 맛있다. 단맛이 나고 보들보들해.
아, 맛있다. 단맛이 나고 보들보들해.	당신 피곤한 거 안쓰러워서 내가 청소했어.
자, 여기 나무와 망치로 배를 만듭시다.	광활한 바다 저편엔 무엇이 있을까요? 당신의 꿈이 선물같이 기다리고 있을 겁니다.
또 거절이야. 나를 인정해 주는 곳이 없구나.	오늘도 괜찮은 경험이었어. 나중에 내 재산이 될 거야!

말을 잘하는
최고의 방법은 잘 듣는 것이다

흔히, 말로 인해 오해가 생겨 갈등이 발생한다. 상대가 한 말을 들리는 대로 받아 생각과 감정이 반응하기 때문이다. 그래서 말하는 것 못지 않게 상대의 말을 듣는 것이 중요하다. 들리는 대로만 받아들여 판단하지 않을 능력이 이미 사람에겐 내재해 있다.

일단 내가 말하는데 열중하는 것 보다 상대의 말을 들어야 한다. 잘 듣는 것이 결국 말을 잘하는 것이다. 무엇을 들을까? 말 이면의 상대가 진짜 말하고자 하는 속뜻을 들어야 한다. 듣는다는 것은 귀로만 듣는 것이 아니다. 잘 들으려면 상대를 이해하겠다는 열린 마음으로 에너지를 집중하여 들어야 한다. 마음으로 잘 듣는 사람은 말하는 이의 마음을 만난다. 마음과 마음이 만나면 상대의 핵심 감정과 진짜 말하고자 하는 이면의 속뜻을 들을 수 있다.

경청이란 말의 내용뿐 아니라 말하고자 하는 의미와 감정과 내적 동기를 듣는다는 뜻이다. 김윤나는 《말 그릇》에서 인간중심 심리학자 칼 로저스(Carl Rogers)의 경청에 관해 말하고 있다. 상대의 가벼운 말을 듣고서 가슴속 깊이 묻혀 있는 묵직한 절규를 듣는다. 내면의 움직임에 주목해야 들을 수 있다. 서로의 내면에 깊은 관심이 필요하다. 누군가에게 조건 없이 받아들여지고 있는 그대로의 자신을 존중받는 경험이 바로 경청이다. 경청의 경험이 있어야 자신과 상대를 신뢰하고 말을 잘하게 된다.

《말투가 인성이다》에서 마쓰시타 전기회사 창업자인 마쓰시타 코노스케 씨의 성공철학을 소개했다. 그는 인생담의(人生談義)에서 평소 직원들의 의견을 귀담아듣는 것이 성공적인 경영 철학임을 밝혔다. 더욱이 자신이 듣고 싶은 말이 아니라 상대가 하고 싶어 하는 말을 듣는다. 상대를 알 방법인 동시에 잘 들어주는 자신에게 상대는 호의를 갖는다. 그러면 말하는 사람은 자연히 내 말을 듣고 싶어 하게 되어 내 이야기를 할 수 있다.

전 미국 대통령 클린턴은 연설 도중 말을 더듬어 알아듣기 어려운 한 여인의 질문에 귀 기울였다. 사회자는 그 여인에게 집중하려는 클린턴을 청중들과의 소통으로 인도했다. 많은 질문에 답변한 후, 클린턴은 아까 그 여인의 질문을 이해한 대로 정리하여 대답했다. 짧은 순간 그냥 지나칠 수 있었던 여인의 말에 몸과 마음을 기울여 정성으로 경청했다. 클린턴이 경청을 잘하는 저명한 연설가로 불릴 수 있었던 이유이다.

경청은 순리를 따르는 태도와 같다. 봄이 오면 꽃이 필 것을 믿고 기다리는 것과 같다. 말하는 사람에게 마음을 열고 먼저 들어주면 상대의 마음을 만난다. 사람의 속성인 '말하고 싶은 욕구'를 뒤로 하고 상대의 숨어있는 말의 의미를 알아준다.

정정숙은 《마음을 움직이는 10가지 대화 기술》에서 상대의 마음을 만나는 깊은 대화는 말을 잘 들어주는 것이 핵심이라고 한다. 경청은 듣는 사람이 상대 이야기 속으로 들어가 상대의 입장이 되어 듣는 것이다. 그의 생각과 깊은 감정까지 이해하는 공감 과정이다. 기업인이자 저술가인 스티븐 코비 박사는 사람이 가진 가장 큰 욕구는 이해받고자 하는 마음이라고 했다. 이해한다는 것은 내면의 가치를 알아봐 주고 충분히 인정해 주는 것이다. 진정으로 경청하는 것은 상대의 가장 필요한 욕구를 인정해 주는 것이라고 했다.

우리가 알면서도 실천하지 못하는 이유가 있다. 경청을 방해하는 것에 대해 알아보자.°

① 말하기를 좋아한다

사람은 듣는 것보다 자기의 말하기를 더 좋아한다. 이와 관련된 한 연구에서 세 가지를 질문했다. 참가자 자신에 관한 질문, 타인에 관한 질문, 그리고 실제 사실에 관한 질문이다. 질문에 답을 할 때 돈을 받을 거라고 알렸고 참가자 스스로 질문을 선택하도록 했다. 받는 돈의 금액은 질문에 따라 달랐다. 실험에서 참가자는 평균 17% 정도 낮은 돈을 받더라도 자신에 관한 질문을 선택했다.° 즉 사람은 다른 사람의 얘기보다 자신의 얘기를 더 하고 싶어 한다. 자연히 듣는 것에는 익숙하지 않다. 경청은 훈련으로 만들어지는 능력이다.

② 들을 때조차 말할 거리를 준비한다

말을 들으면서 자신이 할 말을 이미 생각하는 것은 경청을 방해하며 집중하기 어렵다. 사람이 1분 동안 알아들을 수 있는 단어는 약 5백개 정도이다. 그중 230개 정도는 말로 하고 나머지 270개 정도를 뇌에서 처리한다. 뇌에서 수용하고 처리하는 동안 타인의 말을 들을 수도 있고 다른 생각에 빠질 수도 있다. 관심 있는 말만 듣는다. 미리 생각해 놓은 말을 상대 말이 끝나기 무섭게 뱉어낸다. 상대의 말을 잘 들을 리 없다.

③ 인정받고 싶어 한다

자신이 알고 있는 것을 더 말해서 남에게 인정받으려는 욕구가 있다.

사람에게 교정 반사(correction response)라는 본능이 있다. 상대의 문제 행동이나 생각을 고쳐주려는 경향이다. 의도는 선하나 상대는 교정 반사에 저항한다. 고치려는 욕구를 드러낼수록 상대는 자신을 고수한다. 상대에게 위로와 조언을 한다는 것은 자기가 아는 것을 말해서 자신을 드러내는 것이다.

마음으로 듣는 경청의 중요성에 관해 셀레스트 헤들리(Celeste Headlee)는《말센스》에서 강조하고 있다.

'미국인들의 청취자'로 불리는 방송계의 전설 스터즈 터클은 경청하는 태도로 사람을 대했다. 그는 평범하지만 독특한 인터뷰와 책을 출간

했다. 그는 인터뷰할 때 '상대에게 귀 기울이면 상대는 자신이 존중받는다고 느낀다. 상대는 얘기를 잘 들어주는 당신에게 말하고 싶어진다.'라고 했다. 다양한 방해 요소로 다른 사람의 말에 귀 기울이는 것이 특히나 어려운 시대에 터클의 경청하는 태도는 주목할 만하다.

그는 5,000명이 넘는 평범한 사람들과 9,000시간의 인터뷰 기록으로 퓰리처상을 받았다. 그에게 영감을 받아 2003년 라디오 프로듀서 데이비드 아이세이는 「스토리 코어」프로젝트를 진행했다. 사람들의 얘기에 귀 기울이고자 뉴욕 그랜드 센트럴 터미널에 녹음 부스를 설치했고 들어주는 것을 통해 수만 건에 달하는 인터뷰가 쌓였다. 일부는 라디오방송 「모닝 에디션」에서 정기적으로 방송했다. 아이세이는 프로를 통해 들어 줌으로써 상대를 진정으로 존중하게 되었다고 한다. 사람들이 부스에서 말할 때 힐링을 경험하는 이유이다. 이는 경청의 중요성을 알게 한다.

성인 주의력 결핍 과잉행동장애(ADHD) 증상으로 소통에 어려움을 겪는 예도 있다. 대화를 나누려면 상대 말에 집중해야 하는데 상대가 말하는 동안 떠오르는 생각들로 산만해지면 대화의 흐름을 놓치게 된다. 하버드대 셸리 카슨 심리학박사의 연구는 재미있는 결과를 보여준다. 지능이 높고 창조적일수록 '잠재적 억제(latent inhibition)' 능력°이 부족할 수 있다. 그 확률은 일반 사람보다 7배 정도나 높아 창조적일수록 소통에 더 큰 방해를 받을 수 있다는 거다.

실제로 웹툰 작가 기안84는 MBC 프로그램 「나 혼자 산다」에서 엉뚱한 태도로 논란이 되기도 했다. 그는 방송에서 자신의 ADHD 성향에 대해 털어놨다. "처음 볼 땐 말이 통하는데 그 뒤로는 말이 안 통한다" 라고 하자 박나래가 "두 번째 볼 때까진 괜찮았는데 그 후로 4년간 말이 안 통한다"라고 말했다. 그리고 ADHD로 치료 중인 모습을 공개했다. 담당의는 "성인 ADHD는 사회적 신호를 잘 못 읽기도 한다"라고 하자 그는 "사실 녹화할 때 가끔 무슨 얘기를 하는지 모를 때가 있어요."라고 했다.

《성공하는 사람들의 7가지 습관》에서, 우리의 대화 습관은 상대의 말을 들어주기 위해서가 아니라 자신이 대답하기 위해 상대의 말을 듣는다는 것이다. 이런 현실에서 상대에게 집중하여 말을 듣는 작업은 절실히 필요하다. 마음을 둔다는 것은 집중하여 상대의 마음이 되어 보는 거다. 상대가 내 말을 들어주기 원하는 만큼 내가 먼저 상대의 말을 들어주자. 귀 기울여 듣는 것만으로도 상대는 충분히 존중받았다고 느낄 것이다. 진솔한 관계의 핵심은 경청이다. 경청의 핵심은 존중이다. 잘 들어주면 사람들은 당신의 이야기를 듣고 싶어 한다. 어느새 당신은 자신도 모르게 말 잘하는 사람이 되어있을 것이다.

실천팁 말을 잘 하는 최고의 방법, 경청

경청하지 않는 태도	경청하는 태도
남이 말할 때 할 말을 준비하기	남이 말할 때 집중하여 귀 기울이기
말을 듣는 동안 떠오르는 생각을 따라가기	"또 생각이 들어왔군" 다시 말에 집중하기
자기 말을 많이 하기	말하고 싶은 욕구를 패스
들리는 말을 듣기	말하고자 하는 의미를 듣기
듣고 싶은 것을 듣기	하고 싶어 하는 말을 듣기

침묵의
힘은 공감이다

우리는 끊임없이 말을 하며 소통한다. 말은 소통의 중요한 방식이다. 그러나 때로는 말보다 침묵이 더 많은 의미를 전하기도 한다. 어떻게 말로 표현하지 않으면서 자신의 감정과 생각을 전할 수 있을까? 바로 공감의 힘이다. 말보다 강력한 침묵의 힘은 공감이다.

비언어적 표현은 전달력이 강하다. 말하지 않고도 충분히 상대와 소통할 수 있다. 말보다 강한 침묵의 언어를 공감으로 채우자. 상대에게 가장 필요한 몸짓으로 마음이 전해질 것이다.

미국 캘리포니아대학 심리학과 교수이자 심리학자인 앨버트 메라비언(Albert Mehrabian)이 말한 '메라비언의 법칙'이 있다. 비언어적인 요소 중 태도, 몸짓, 자세의 외적인 면은 시각 요소에 속한다. 목소리 톤, 음의 고저는 청각 요소이다. 대화할 때 시각 요소는 55%, 청각 요소는 38%의 영향을 상대에게 미친다. 언어적 요소인 말은 7%의 영향을 주고 있다는 실험 결과를 보였다.

이는 소통할 때 비언어적인 요소가 말보다 더 큰 역할을 하고 있음을 알게 한다. 즉, 상대에게 호감을 주는 첫 번째 요인은 말의 내용이 아니라는 것이다. 소통하는 가운데 말하는 사람의 태도와 몸짓, 목소리와 자세는 93%의 영향을 준다. '7%~38%~55%' 법칙이라고도 하며 말보다 큰 비언어의 영향력이다.*

2011년 미국 애리조나주 투산에서 총기 난사 희생자 추모식이 있었다. 버락 오바마 미국 전 대통령이 연설했다. 그 연설에서 오바마 대통령은 침묵을 통해 공감이 얼마나 큰 메시지로 사람의 마음을 감동하게 하는지 보여 주었다. 화제가 되었던 이 연설을 AFP통신은 '진정성 있는 침묵이 오바마의 정치적 입지를 높였다'라고 보도했다.

"나는 미국의 민주주의가 크리스티나가 바라던 것과 같으면 좋겠다고 생각합니다. 우리는 아이들이 꿈꾸는 나라를 만들기 위해 최선의 노력을 해야 합니다……."

이 두 마디 말을 한 후 오바마는 10초 후 오른쪽을 쳐다봤다. 20초 후 심호흡을 했고 30초 후에 눈을 깜빡거렸다. 추모사를 낭독하던 식장에는 50초 넘게 침묵이 흘렀다. 침묵을 통해 언어보다 더 강력한 메시지를 전했다. 추모식장은 순식간에 슬픔의 바다가 되었다. 그의 침묵이 말보다 강한 애도의 마음을 전달한 것이다.*

진정성 있는 관계에서 가장 중요한 것은 단연 공감이다. 공감은 말하는 기술이 뛰어나서 할 수 있는 게 아니다. 한 마디로, 비언어적 몸짓 하나로 공감할 수 있다. 오바마는 말하지 않은 침묵의 시간이 더 길었다. 말없이 흘렀던 침묵의 시간 동안 어떻게 청중들은 같은 감정을 느끼며 빠져들 수 있었을까? 바로 공감이 열쇠이다. 오바마는 희생자와 유가족의 아픔을 공감했다. 청중은 오바마의 그 마음을 침묵의 메시지에서 완전히 공감할 수 있었다.

침묵은 말할 때나 들을 때나 효과적이다. 공감을 동반한 침묵이 흐르는 동안 비언어적인 소통이 이루어진다. 앞서 말했듯이 침묵이 힘을 발휘하는 것은 공감이 꽉 차 있기 때문이다. 공감하면 말하지 않아도 전해진다. 비언어적인 표현이 뒤따르면 그 어떤 말보다 강하게 느낌을 전할 수 있다. 그러나 공감이 없는 입 다묾은 침묵도 경청도 아니다. 입 다물다가 관계가 끝나버린다. 침묵해야 할 때가 있듯이 말로 표현해야 할 때가 있다. 그럴 때 우리에겐 말센스가 필요하다. 필요한 말을 적재적소에 알맞게 사용해야 한다.

말센스가 있는 사람은 상대의 말하는 의도를 알기에 적절한 태도를 보인다. 말하는 사람의 마음을 읽고 자신이 말해야 할지 침묵해야 할지 순발력 있게 결정한다. 진짜 공감하며 침묵한다면 그에 맞는 비언어적인 표현이 물 흐르듯이 따른다. 말하고 싶다면 자기 욕구를 충족시키기보다는 상대의 마음을 만져주는 말을 적절하게 해야 한다. 이 모든 과정은 머리로 할 수 있는 것이 아니다. 상대의 내면에 귀 기울일 때 나타나는 자연스러운 과정이다.

공감 없이 흐르는 침묵은 공허하다. 너무 말하지 않다가 관계가 끝나 버릴 수도 있다. 상담을 받으러 오던 직장인 미혜 씨가 어느 모임에서 겪은 안타까운 소통의 사례이다.

모임의 리더인 이 교수는 사람에게 실수가 없어 좋은 평판을 들었다. 말이 없으니 자연히 실수할 일이 적다. 반면 그는 관계의 기회를 놓치는 사람이다. 일이 바빠 본의 아니게 자주 불참하던 미혜 씨 부부에게 1년이 지나도록 연락하지 않았다. 리더로서 어떤 시도나 표현도 없이 침묵했다. 공감도 없고 배려도 아닌 침묵은 공허한 시간이었다.

어느 날, 미혜 씨는 그 모임이 시작되기 한 시간 전 직장에서 큰 오해로 해고 통보를 받았다. 모임에서 억울한 그 이야기를 털어놓았다. 먹먹한 미혜 씨의 토로가 끝난 후, 침묵이 흘렀다. 어색한 침묵은 미혜 씨의 고통을 가중시켰다. 리더인 이 교수는 적절한 피드백 없이 '나눠주셔서 감사합니다'라는 식으로 얼버무렸고 침묵이 흘렀다.

"뭐지? 이 침묵은? 괜히 말했구나. 이런 사람들한테…. 날 두 번 죽였네."

미혜씨는 말한 것을 후회하며 그 모임 자체에 회의감이 들었다. 침묵도 필요하고 과묵도 좋다. 그러나 공감했다면 비언어의 어떤 몸짓으로라도 소통해야 했다. 아무런 표현도 없는 어색한 침묵은 배려와 공감이 아니다. 이 교수의 침묵은 칼날이 되어 그녀를 찔렀다. 때를 가리지 않고 입 다물다가 관계가 끝나버리는 침묵의 소유자가 되었다. 정작 자신은 영혼 없는 침묵이 미덕인 줄로 착각하고 있는지도 모른다. 이렇게 피상적인 관계는 겉으론 별 탈 없이 무난해 보인다. 그러나 각자 견고한

성 안에서 나오지 않아 진솔한 소통이 어렵다. 미혜 씨는 상담을 통해 모임 때마다 느꼈던 답답함의 이유를 알고 나니 한결 홀가분해 졌다. 자신과 타인의 문제를 구분하였고 공허한 만남을 정리할 수 있었다.

대화 중, 침묵이 아름다운 것은 공감으로 채워져 있을 때다. 공감을 동반했는지에 따라 침묵의 가치가 정해진다. 어떠한 상황에서 흔들리지 않는 태도로 상대의 침묵을 잘 견뎌내는 것은 중요하다. 침묵할 수 있는 능력이 성숙의 지표가 되며 자제력을 가늠할 수 있는 기준일 수도 있다. 침묵이 여전히 아름다워지려면 진정 마음으로 상대의 이야길 잘 듣는 게 우선이다. 잘 들으면 공감할 수 있고 공감하면 가장 적절한 언행이 뒤따른다. 이야기하는 상대의 내면에 귀 기울여 공감을 수반할 때 침묵은 빛난다. 비언어는 강력하기에 더욱 그렇다. 너도나도 말하기를 좋아하는 세상에서 침묵의 능력을 발휘하는 것이야말로 상대를 존중하는 것이다. 공감으로 채워진 침묵은 당신과 나의 대화를 밀도 있게 완성해 줄 것이다.

Chapter 03

매력적인 말은
관계의 순도를 높인다

내가 한 말과 상대가
듣는 말은 의미가 다를 수 있다

말은 내면의 생각을 겉으로 표현하는 것이다. 서로가 약속한 신호나 기호에 근거한다. 그러나 내 말의 의미가 상대에게 그대로 전달될 거라는 생각은 착각이다. 말한 내용이 상대에게 고스란히 전달되지 않을 수 있다. 말의 의미는 받아들이는 사람의 기분과 사고방식, 상황에 따라 달라진다.

어떻게 해야 말에 대한 전달력을 높일 수 있을까? 필요에 따라 기꺼이 상세하게 설명을 보탠다. '이해하셨나요? 괜찮아요?', '다시 얘기해 드릴까요?'라고 덧붙여 이야기한다. 중요한 것은 전달하고자 하는 의욕을 앞세워 말하는 것에 치우치지 않는 것이다. 상대의 표정을 관찰하면서 이해하고 있는지 가늠할 필요가 있다. 자상하게 설명하는 태도를 우선시하며 말하자. 상대는 이런 태도와 말로 존중과 배려를 느낀다.

시카고대학 보아즈 케이사(Boaz Keysar)의 심리학 연구팀은 자신의 말을 상대에게 잘 전달하고 있다고 착각하는 경향에 관해 연구했다.

80명의 실험 참가자를 말하는 팀과 듣는 팀으로 나누어 문장을 읽어주었다. 그 후, 각 팀에게 어떻게 이해했는지 질문했고 결과는 다르게 나타났다. 말하는 팀은 자신의 말에 대해 듣는 팀이 72% 정도 이해했을 거로 예측했다. 이와는 다르게 듣는 팀은 61% 정도 이해했다고 답했다.

"내가 분명히 지난번에 말했는데 모른다고?"

"언제 말했어? 난 들은 기억이 없는데."

이런 이유로 말의 내용 전달에 오해가 생긴 경우를 적지 않게 볼 수 있다. 자기 말에 대해 상대가 사실보다 더 잘 이해했다고 생각하기 때문이다. 또한, 말하는 사람의 생각과 의도가 고스란히 전달되지 않아 왜곡된 소통을 경험하기도 한다. 각자 자기 나름대로 받아들이는 방식이 다르기 때문이다. 레스토랑을 방문한 어느 부부를 매니저가 맞이한다.

"손님, 오늘 스페셜 와인이 준비되어 있습니다. 각 와인에 대해 설명해 드릴까요?"

"이따가 좀 볼게요."

남편이 말했다. 시간이 좀 흐른 후 와인에 대한 설명을 기다리고 있던 아내가 남편에게 말했다.

"여보, 매니저가 설명하러 왜 안 와요?"

"내가 거절했잖소. 그러니까 오지 않지."

남편과 아내의 소통 방식은 다르다.

남편은 우회적인 소통을 하고 있다. 그는 간접적인 뉘앙스로 와인을 주문하지 않겠다는 뜻을 전했다. 매니저 또한 남편 말의 의미를 알아들었다. 반면 아내는 와인 종류를 좀 보고 이따가 주문하겠다고 알아들었다. 그녀가 받아들이는 인식의 틀이 다르기 때문이다. 그녀의 관점으로 거절 의사를 표현하자면 다음과 같다.

"손님, 오늘 스페셜 와인이 준비되어 있습니다. 각 와인에 대해 설명해드릴까요?"

"아니 괜찮아요, 식사만 주문할게요."

남편의 우회적 방식과 아내의 직접적인 소통 방식 중 어느 것이 좋고 나쁘다, 할 순 없다. 다를 뿐이다. 각자의 소통 방식이 다르니 받아들이는 틀도 다르다. 말한 사람의 의도와 듣는 사람의 해석이 다른 이유이다.

사람은 살면서 외부로부터 오는 자극에 대해 반응하고 처리하는 자신만의 틀을 형성한다. 틀을 통해 내면의 감정과 생각을 정리하고 외부 환경과 관계를 맺으며 세상을 이해한다. 틀은 관점이다. 관점에 따라 어떤 사건이나 다른 사람의 말과 행동을 각기 다르게 받아들인다. 관점은 인식의 틀이며 프레임(frame)이다. 각자 다른 자기만의 프레임으로 상황을 받아들이고 결정한다.

흔히 잘 알고 있는 다음의 예는 프레임을 잘 설명해 준다. 컵에 물이 중간쯤 담겨 있는 것을 보며 반응한다.

"물이 반밖에 안 남았구나."

"어, 물이 반이나 남았네."

같은 상태임에도 다른 반응을 보이는 것은 각자 다른 프레임을 통해 인식하고 해석하기 때문이다. 자신이 한 말과 상대가 해석하는 말이 다를 수 있음을 우리는 인식해야 한다.

미국의 사회심리학자 어빙 고프만(Erving Goffman)은 프레이밍 개념을 말했다. 그는 《프레임 분석(1974)》에서 프레임을 '해석의 설계'라고도 했다. 이는 개인이나 단체가 어떤 상황에 대해 새로운 이름을 짓는 것이다. 미국의 인지 언어학자 조지 레이코프(George Lakoff)는 '프레임'이란 사건에 대한 의미를 결정하는 직관적인 틀이라고 했다. 즉, 세상을 바라보는 방식이다.*

저마다 모두 다른 프레임을 가졌기에 말에 대해 다른 의미로 받아들인다는 것은 어쩌면 당연하다. 획일적일 수 없는 것이 지극히 정상적이고 평범한 거다. 다르면 틀렸다고 생각하는 습성은 진부하다. 사람의 개별성을 놓치고 있다.

자신이 한 말의 의미가 잘 전달되기 바란다면 상대가 잘 이해할 수 있도록 말해야 한다. 상대의 관점에서 상상하며 말하는 것이다. 상대의 입장에서 생각하고, 나 아닌 다른 사람이 느낄 수 있는 것을 고려하여 말한다. 상대는 세심한 배려를 느낀다. 이는 돈독한 관계에도 긍정적인 영향을 미친다. 표현된 말은 이미 말하는 사람을 떠나 듣는 사람에 의해 그 의미가 결정된다는 것을 기억하자.

실천 팁 하기도 쉽고 하지 않기도 쉬운 말

자기 입장만 고수하는 경직된 말	상대 입장을 인정하는 유연한 말
내 말은 그런 뜻이 아닌데. 답답해.	다른 의미로 느껴질 수도 있지. 인정해.
왜곡하지 마.	아, 그렇게 생각될 수도 있겠군요.
그게 아니라. 이해가 안 되세요?	당신 관점에서 좀 더 설명해 주실래요?
내 입장은 이래요.	그런 점이 당신 입장이군요.

설득할 때는
상대의 이익을 먼저 말하라

다른 사람을 설득해본 적이 있는가? 자신의 의견을 상대에게 관철하려고 할 때 우리는 상대를 설득하려 한다. 상대를 설득할 때, 가장 중요한 것은 무엇일까? 감정적으로 공감하는 것이다. 흔히, 자신이 처한 상황을 먼저 생각하기에 쉽게 설득하지 못하는 경우가 많다.

설득하려는 사람은 자신에게 유리한 점을 먼저 생각하며 논리적인 접근을 우선시한다. 이는 스트레스로 인해 긴장하는 상대보다 스트레스를 받는 자신을 먼저 챙기기 때문이다. 감정적인 공감 없이 논리적인 설명만 중시한다면 설득과는 거리가 멀어진다. 우선 상대의 감정을 존중해야 한다. 그리고 상대가 얻을 수 있는 이익을 먼저 말해야 한다. 상대 입장을 생각하면 상대의 마음을 움직일 수 있다.

설득하는 방법 중, 진입 장벽 낮추기가 있다. 먼저 친절하게 다가가 감정적으로 공감하며 마음을 여는 방법이다.

　미술심리치료는 많은 경우 내담자가 '그림을 잘 그려야 한다'는 선입견으로 부담을 갖는다. 그림을 잘 그리려 하다 보면 치료 과정에 집중하는 것을 방해하고 효과를 떨어뜨린다. 이때 원하는 재료를 선택하여 마음이 움직이는 대로 표현해 볼 것을 안내한다. 하고 싶고 할 수 있는 만큼 표현하면 된다고 알려준다. 이는 잘하고 못 한다는 판단에서 벗어나 자신을 표현하는 자체의 중요성을 알게 하기 위함이다. 그렇게 끄적이고 선을 그으며 마음껏 붓을 움직이게 한다. 어느새 자신이 자연스레 그림을 그리고 있는 모습을 스스로 발견하며 놀라곤 한다. 그 안에서 자신의 마음을 들여다보고 언어로 의미를 찾는다.

　이렇게 논리적인 접근이 아니라 상대의 감정과 마음을 알아주면 상대가 스스로 경험할 수 있다. 상대에게 가능하게 느껴지는 것을 친절하게 안내하면 상대는 하나하나씩 해나간다. 상대는 마음을 열고 어느새 당신의 이야기를 듣는다.

　다른 사례이다. 세탁소에 맡겼던 블라우스의 얼룩이 희미하게 번져 있었다.

"이 얼룩은 음식물 자국이기 때문에 잘 지워지지 않습니다. 우리도 어쩔 수 없네요."

　세탁물을 맡긴 사람은 이 말을 듣고 매우 언짢아서 화가 날 수도 있다. 직원이 사실만을 전달하고 통보했기 때문이다. 듣는 사람의 마음을 헤아리지 않고 상대의 이익은커녕 맞게 된 속상함과 손해는 안중에 없는 것이다. 어떻게 말하면 상대의 마음이 누그러질까?

▸ "고객님, 블라우스에 얼룩이 완전히 지워지지 않아 속상하시죠?
불편을 드려 죄송하네요. 방법을 고민하며 두 번이나 세탁해 보았
지만 완전히 지워지진 않아 저희도 안타깝습니다. 대신 무료 세탁
쿠폰을 준비했습니다."

고객의 불편함과 당황스러운 마음을 먼저 헤아리려 한 말이다. 그 마음
과 말 뒤에는 적절한 대안 방법이 따른다. 이 말을 들었다면 적대적인
마음에서 이해하는 아군의 마음으로 변했을 것이다.

상대의 잘못으로 어떤 상황이 벌어졌을 때 책임지지 않으려는 말을
하기 쉽다. 어쩔 수 없다고 생각하며 단정 짓기 일쑤다. 그 상황에서 상
대가 얻을 수 있는 이익에 초점을 맞추면 사람의 마음을 얻을 수 있다.

"내 잘못이 아닌데 뭐? 해줄 수 있는 게 없다."

이게 사실이더라도 이렇게 말하는 것은 상대나 자신에게 도움이 되
지 않는다.

▸ "나도 당황스럽지만, 상대는 더 그럴 거야. 내가 해줄 수 있는 게
뭘까? 상대의 마음이 풀렸으면 좋겠다."

이렇게 생각하며 말하면 방어하느라 맞섰던 상대는 오히려 미안해지
고 문제는 쉽게 해결된다.

캘리포니아 대학교의 마거릿 캠벨(M. C. Campbell)은 '판매자가 적극
적으로 판매하려고 할수록 고객은 거부감을 느낀다.'라고 했다. 판매자

에 대한 신뢰가 사라져 결국 물건을 사려는 마음이 사라진다는 것이다.*

수제화 전문점을 오픈한 김 대표는 쇼핑하러 갔다가 고민하며 옷을 고르는 A 씨를 보았다. 샵 매니저가 다가가 말을 건넨다.

"이 재킷 어떠세요? 어제 들어온 신상품이에요."

"(탐탁지 않은 듯) 나이가 드니 옷 고르기가 쉽지 않네요."

김 대표가 시큰둥한 A 씨에게 옷을 건네며 말한다.

"실례지만 이거 제가 고른 옷인데 하나네요. 저보다 잘 어울리실 듯해서요."

"아 그래요? 나이 들면서 잘 맞는 옷이 흔치 않아요."

"그렇죠. 이건 제 노하우인데요, 신고 있는 신발과 잘 어울리는 옷을 고르면 대체로 성공하죠. 지금 신으신 구두와 아주 잘 어울리세요."

"어머, 꿀팁이군요! 사실 아까부터 신으신 구두가 참 감각 있다고 생각했어요. 단골 매장이라도 있나요?"

"제가 만들어 신는답니다. 수제화 전문점을 운영하거든요."

다음 날, A 씨는 스스로 수제화 샵에 찾아와 VIP 고객이 되었다.

처음 보는 사람을 어떻게 설득할 수 있을까? 먼저 상대의 이득을 말하며 조건 없이 다가가는 태도가 설득의 비밀이다. 대수롭지 않게 말해 준 정보가 상대에게 유용한 화젯거리라면 마음을 열기에 충분하다. 감정적으로 공감해 주며 전문적인 팁을 주면 자기 이익과는 무관하기에 듣는 상대는 더 신뢰한다. 천천히 가벼운 태도로 연결되는 대화는 설득의 핵심이다. 상대가 스스로 원해서 선택한 거라고 느끼기 때문이다.

　미국의 소설가 마크 트웨인(Mark Twain)의 《톰 소여의 모험》에 등장하는 한 장면이다. 말썽을 부린 톰에게 폴리 이모는 울타리를 페인트칠하는 벌을 주었다. 페인트칠에 관심 없던 톰은 다 마칠 때까지 놀지도 못하게 되어 힘들었다. 톰은 빨리 끝낼 방법을 생각해 냈다. 톰을 많이 놀리던 벤이 나타나 말했다.

　"톰! 너 벌 받는 거지? 하하~ 기분이 어때?"

　"너무 재밌어. 남자라고 다 할 수 있는 게 아니야. 이런 특권을 내가 누리게 되다니!"

　톰은 붓을 휘젓고 뒤로 물러나 확인하며 다시 칠하고 정말 페인트칠을 즐기는 척했다.

　"톰, 정말 그렇게 재밌니? 나도 한 번만 해보면 안 될까? 하게 해 줘. 제발!"

　"폴리 이모가 아끼시는 울타리라서 아무나 하면 안 되는데….“

　벤은 톰을 달래며 붓을 잡게 해달라고 부탁했다. 톰은 마지못해 허락했다. 또 다른 친구와 벤이 땀을 뻘뻘 흘리며 페인트칠을 해 쉽게 마무리할 수 있었다.*

　소설 속에서 톰은 힘들이지 않으며 상대를 설득시켰다. 그 일이 자신에게 이익이 되는 게 아니며 그리 중요할 것도 없는 듯 말했다. 오히려 상대에게 이익이 되는 것을 느끼게 말했을 뿐이다. 어떻게 하면 말하는 내가 아니라 상대방 본인에게 이득이 되는지 알도록 한다.

힘을 빼고 상대의 이득을 먼저 말하자. 연연하지 않고 말하면 관심 없던 상대의 생각이 열려 마음이 움직인다. 먼저 상대의 이익을 중요시하며 말하면 사람을 아군으로 얻는다.

실천 팁 사람을 설득하는 말과 멀어지는 말

설득과 거리가 멀어지는 말	설득과 가까워지는 말
논리적 접근	감정적 공감
그림을 그리면 해석 상담을 진행합니다. 자, 시작해 보세요.	그린다는 게 부담스러울 수 있죠. 손이 가는 대로 하고 싶은 만큼 표현하면 됩니다.
사실을 전달하고 통보하기	상대의 이익을 먼저 알아주고 말하기
두 번 시도했으나 어쩔 수 없네요.	지워지지 않아 속상하시죠? 저희도 안타깝네요. 대신 무료세탁 쿠폰을 준비했습니다.
내 손해가 더 크다고 단정 짓기	상대의 이익에 초점 맞춰 말하기
내 잘못이 아닌데 뭐? 해줄 수 있는 게 없다.	내가 해줄 수 있는 게 뭘까? 상대의 마음이 풀렸으면 좋겠다.
자기 이익 먼저, 거부감 주기	상대 이익 먼저, 신뢰 주기
당신이 그렇게 하면 좋겠어요. 하세요, 사세요.	당신이 그렇게 하든, 안 하든 난 상관없어요. 다만 그렇게 바꾸면 당신에게 좋을 거예요.

상대가 무례할 때
통쾌하게 대처하는 말

관계 가운데 다양한 성향의 사람을 경험한다. 때로는 무례한 사람을 만나기도 한다. 정도가 지나치거나 반복되는 무례함이 불편하다면 그냥 지나치기 어렵다. 무례하게 구는 사람에게 필요한 것은 자신의 의사를 표현하는 단호함과 용기이다. 괴로운 감정과 생각을 가슴에 묻고 회피하는 것은 아니다. 경계선을 긋고 거리를 둠으로써 스스로 자신을 지키는 과정이 필요하다.

이를 표현하려면 내면의 힘이 필수다. 겉으로 말하는 기술을 익히는게 아니라 자신을 지킬 수 있게 내면의 소리를 듣는 것이다. 참고 피하거나 곱씹으며 고통받기보다 직면하고 받아들인 후 옐로카드를 단호하게 내밀자. 계속 무례한 상대의 눈을 보며 자기 생각과 감정을 전달한다. 놀란 상대의 변화를 경험할 것이다.

상담을 오던 지현 씨는 어릴 적부터 엄마와의 갈등으로 고통받는 30대 여성이다. 할머니까지 편찮으셔서 지현 씨는 일하며 집안을 돌봤다. 알차게 삶을 꾸려나가는 지현 씨는 유독 엄마와의 관계에서 괴로움을 느꼈다. 부모님 사이가 좋지 않았고, 부부 싸움 후에 어머니는 늘 지현 씨에게 분노를 퍼붓기 일쑤였다. 어머니가 아버지에게 느끼는 분노의 감정은 어떻게든 지현 씨에게 전달되었다. 그뿐만 아니라 어머니는 일상에서 그냥 지나칠 수 있는 자잘한 일들에 대해 과하게 반응하셨다. 소리 지름과 부정적인 감정을 받아 이미 쌓여 있는 상처는 지현 씨를 힘들게 했다.

"할머니 빨래는 따로 해야 한다고 했잖아. 너는 내 얘기를 귓등으로 듣니? 오늘 쉬는 날이면 새벽에 나를 차로 좀 데려다줄 수 있었잖니? 짐이 얼마나 무거웠는데, 넌 내가 힘든 거 안 보이니?"

어머니가 화내며 소리치자 이미 말의 내용은 들리지 않았다. 지현 씨는 애써 정신을 차리고 입을 떼기 시작했다.

"엄마 제게 소리치지 마세요. 제가 아버지로 보이세요? 이제 더는 엄마의 화를 받아들일 수 없어요. 그러니 이제 제게 이런 식으로 소리 지르지 마세요."

지현 씨는 너무나 떨렸지만 용기를 내어 단호하게 말했다. 그동안 행해졌던 부당한 공격을 차단하는 데 필요한 방법이었다. 딸로부터 한 번도 들어보지 못했던 반응을 본 어머니는 흠칫 놀랐다.

지현 씨는 두려웠지만 예전처럼 얼어붙어 참다가 비관하지 않았다.

어머니의 말과 행동이 무례했다. 아무리 딸이라 해도 함부로 대하는 감정은 더이상 수용할 수 없다고 확실하게 말했다.

친한 관계일수록 종종 허물없이 지내다 보니 함부로 대한다. 가족 사이에서 흔히 볼 수 있다. 해결되지 않은 자기감정을 가까운 사람에게 푸는 거다. 부부 사이, 부모와 자녀 사이에서 많이 나타난다. 남편과 싸우면 남편을 향한 감정을 딸에게 쏟아붓는다. 딸을 감정처리반인 양 함부로 대하는 거다. 먼저 거리를 두어 자신을 지키는 것이 필요하다. 금 밟았다고 옐로카드를 보여 주자.

"더는 넘어오지 마세요! 당신 반칙이에요."

함부로 구는 사람에게 어떻게 반응해야 할지 방법을 살펴보자.

① 되묻는 방법이다. 부정적인 소통을 생략한다

부정적 에너지는 긍정적 에너지를 쓸 때보다 더 많이 소진된다. 상대에게 불쾌함을 전달하더라도 변화를 기대하기 어렵다. 부정적인 소통을 생략하는 것이 현명한 방법인 이유다. 상대가 말을 실수했을 때 굳이 대답할 필요가 없다. 화내지 않고 그저 말없이 짧게 미소 지어주면 된다. '예, 아니요.'라는 대답 대신 간단한 질문으로 상황을 마무리한다. 두 가지 질문 방법이다.

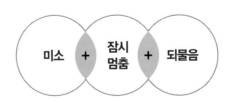

먼저 상대를 똑바로 보며 부른 후 말과 행동을 짧게 멈춘다. 그리고는 상대가 한 말을 반복하여 되묻는다. 미은 씨는 새 옷을 입고 모임에 나갔다. "남편 옷을 입고 온 거 아냐?" 모임에서 윤희씨의 말이 마음에 영거슬려 미은이 말했다.

"윤희씨, (잠시 멈춤) 남편 옷을 입고 왔다뇨?"

상대에게 자신의 농담이 듣는 사람에게는 정작 농담이 아니라 말실수가 되었음을 알게 한다.

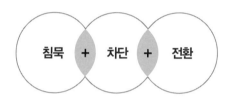

상대의 말이 정말 무례하게 느껴지는 경우가 있다.

"설마 당신은 별수 있을까?"

짧은 질문은 옵션이며 잠깐 침묵했다가 다른 대화로 화제를 돌리는 방법이다. 더는 상대의 말이 이어지지 않도록 유도한다. 무례함을 감정적으로 반응하지 않고 전환한다. 말을 섞지 않고 차단하는 방법이다.

② 유머로 뼈가 있는 질문을 한다

사람들 앞에서 당신의 잘못을 만방에 알리며 응징하려는 교만한 사람을 만나는 경우가 있다. 당신은 모르고 실수했는데 많은 사람 앞에서 잘못을 드러내며 질책하는 거다. 간단한 유머로 대꾸하자.

"어이쿠~ 깜짝이야. 간 떨어질 뻔했네요. 설마 알면서 그랬다고 생각하는 건 아니죠?" 이렇게 받아치면 당신의 유머가 상대의 마음을 되돌아보게 한다. 듣고 있던 사람들은 당신이 아니라 아량 없이 비판을 우선시하는 상대의 태도에 시선이 옮겨진다. 아무리 옳은 이야기라도 사람들 앞에서 큰 소리로 떠벌리는 것은 자신의 미성숙함을 드러내는 꼴이다. 실수한 사람은 자기 잘못을 이미 알고 있는 상태에서 지적받으면 비난받았다는 느낌을 갖는다. 미안함은 사라지고 마음이 상한다. 사과의 말은 쏙 들어가 버린다. 지적한 사람은 잘못한 상대에게 사과받기 어렵게 되니 이래저래 자신에게 마이너스 결과를 낳는다.

③ "통과!" 패스하며 기대를 버린다

상대의 가치관이 나와 다를 때 상대가 나와 같아지기를 기대하는 마음이 있다. 살면서 예측되지 않는 상황을 얼마나 많이 맞이하는가? 나 또한 다른 사람에게 '뭐지?'라고 느끼도록 하는 경우가 있다. 자신의 잣대로만 나를 재고 있다면 말이다. 이럴 때는 그냥 기대하는 마음을 내려놓자. 신경 쓰지 말자.

"저 사람도 다른 생각이 있겠지. 웬만하면 통과!"

④ 그러게 화법이다

대답하기 참 곤란한 질문을 듣는다.

"결혼 안 해?", "눈이 너무 높은 거 아니니?"

"그러게~"

말한 사람이나 듣는 사람이나 감정이 상해 곤란해지지 않는다. 받아들인 듯 안 받아들인 듯 적당한 거리를 두며 넘어갈 수 있다. 상대가 원하는 답이나 반응에서 벗어나 예측하기 어려운 그렇게 화법은 현명하고 현명하다.

어려울 수 있으나 공격적인 태도의 상대를 수용하려는 것은 바로 나에게 유익하다는 것을 기억해야 한다.* 당장은 내게 피해를 주는 무례한 상대를 내치고 싶을 수 있다. 공격적으로 말하는 무례한 사람은 자신의 말이 상대를 곤란하게 한다는 걸 알지 못한다. 그 또한 호되게 공격당했던 경험자이기 때문이다.

상처로 인해 자신도 모르게 가해자로 살아가고 있는 경우를 종종 본다. 공격적으로 말하는 무례한 사람을 만나면 불쌍히 여겨야 할 이유이다. 그러면 공격적인 말을 하는 상대에게 더 이상 부정적인 에너지를 쓰지 않으니 소중한 나의 현재를 기꺼이 누릴 수 있다. 이쯤 되면 누구에게나 대하듯 상대에게도 관용을 베풀고 있을 거다. 그런 내게 상대 또한 더는 무례할 수 없다. 그러니 맞서지 않는 것은 지는 것이 아니라 상황의 주도권을 잡게 된 내가 이기는 방법이다.

실천팁 상대가 무례할 때 적절하게 대응하기

상대가 무례할 때 부적절한 반응	상대가 무례할 때 적절한 반응
참고, 피하고, 곱씹기	경계선 짓고, 거리 두고, 자신을 지키는 단호함으로 용기 있게 표현하기
얼어붙어 피한다.	저에게 이런 식으로 소리 지르지 마세요.
부정적인 소통 대꾸하기	부정적 소통 생략, 되묻기
너 뭐니? 기분 나쁘네.	윤희 씨 (잠시 멈춤) 남편 옷을 입고 왔다뇨? 당신은 별수 있나요?
응징하는 교만에 맞서기	유머, 질문하기
사주면 되잖아? 뭐 그런 걸 갖고 야단법석이야?	어이쿠 미안, 설마 알면서 그랬다고 생각하는 건 아니겠죠?
내 기준과 같기를 기대하기	통과!~ 기대 내려놓기
아무 생각 없네, 기본 상식이 안 되어있어.	다른 생각이 있겠지, 웬만하면 pass!
곤란한 질문에 감정적으로 반응하기	그러게~ 화법
신경 쓰지 마세요. 내가 알아서 해요.	그러게….

대수롭지 않게
여겨야 할 말이 있다

우리는 스스로 깨달아 알기도 하지만 상대와의 소통을 통하여 자기 자신을 알아간다. 다른 사람의 말을 귀담아듣고 수용하면서 자신에 대해 깨닫는다. 피드백을 통해서 나를 알기도 한다.

대화 가운데 상대의 말을 맞이하는 생각 패턴에 따라 반응이 달라진다. 상황을 바라보는 내 시각이 나를 만들어간다. 때로는 대꾸하고 싶지 않은 사람을 만나기도 하고 대답할 필요가 없는 상황을 마주할 때도 있다. 그럴 때는 신경 쓰지 말자. 감정 소모에 에너지를 사용하지 말자. 어쩌다 대수롭지 않게 넘겨야 할 때도 있다.

"그렇게 생각하고 계시는군요."

상대를 똑바로 보며 잠시 반응을 멈추자. 동의할 수는 없지만, 더 말을 섞고 싶지 않을 때, 거리를 두고 대화를 끝내는 방법이다.

은미는 다른 사람의 말에 신경을 많이 쓰는 사람이다. 회사에서 있었던 일을 미주알고주알 얘기하곤 했다. 그녀의 직속 팀장은 거의 일하지 않고 이런저런 이유로 직원들에게 일을 미루는 상사였다. 직원이 완성한 서류를 사장에게 가져가 자신이 한 양 보고했다. 업무를 모르니 사장의 질문에 대비해 사전에 직원을 귀찮게 하여 정보를 알아가기 일쑤였다. 사장은 그런 팀장을 인정하며 신임하고 있었다. 그뿐만 아니라, 부서에서 얄미운 뺀질이로 통하는 직원에 대해 칭찬하며 높이 평가하고 있었다. 어느 날, 은미는 열심히 일한 결과에 대해 예상치 못하게 부정적인 피드백을 받았다.

　"아니, 어떻게 내가 한 일을 자기가 한 것처럼 보고할 수 있어?"

　나는 은미의 이야길 들으며 아무 일도 아니라는 듯 말했다.

　"팀장이 또 가로채서 사장님한테 칭찬받았구나."

　"근데 더 기가 막힌 건 나를 불러 팀장님과 비교하며 나무라듯이 얘기하잖아. 칭찬까진 아니더라도 오해는 너무하지 않니? 도대체 뭐가 잘못된 걸까?"

　"그랬구나, 속상했겠다. 근데 은미야, 너희 사장님과 팀장님이 많이 닮은 것 같지 않니? 사람 볼 줄 모르잖아. 실력도, 판단능력도 부족한 사람에게 인정받는다는 건 더 불안한 일 아닐까?"

　입장과 경험이 각각 다르니 생각이 다를 수 있다. 다만 사람 볼 줄 모르는 상대에게 군이 인정받아 봤자 아무 의미 없지 않을까? 나의 소중한 에너지를 남용하지 말자.

"그건 당신 생각이고."

"저 사람은 저렇게 생각하네."

이렇게 말하면 의미가 달라진다. 오해받고 인정받지 못해 억울하게만 느껴졌던 감정은 더 이상 별거 아니다. 대수롭지 않은 일과 사람에게 아등바등 매달려 있었던 걸 깨닫고 툭툭 털며 갈 길을 갈 수 있다.

사람은 누구나 자신에게 익숙한 사람에게 호감을 느낀다. 자기와 비슷한 사람에게 좋은 평가를 한다는 연구 결과가 이미 밝혀진 바 있다.* EBS의 한 다큐멘터리에서 방송한 실험 결과이다.

참가자들에게 다섯 장의 이성 사진을 보여주었고 이상형을 뽑도록 했다. 결과는 참가자 열 명이 모두 자기 얼굴과 합성한 이성 사진을 이상형으로 꼽았다. 영국 세인트앤드루스대 심리학과 연구팀에서도 같은 결과를 밝혔다. 즉 자기 얼굴과 닮은 이성을 높게 평가한다는 것이다. 영국 리버풀대학의 앤소리 리틀 박사팀 실험에서도 같았다. 여러 사진을 보여주고 뇌를 관찰했다. 결과는 자기에게 익숙한 사진을 골라 높은 호감을 표현하는 것으로 나타났다.

비슷하고 익숙한 것을 높게 평가하는 것은 외모나 행동만이 아니다. 상대의 특성과 가치관, 태도와 성격도 해당한다. 예를 들어 시간을 잘 지키는 사람은 지각하지 않는 사람을 높이 평가한다. 앞서 말한 은미의 사례에서 사장은 결과를 중요시하는 사람이다. 남의 일을 가로채서 가져가든 어떻든 좋은 결과를 달성한 사람을 높이 평가한다. 그에게 도덕성은 가치 판단 기준의 우선순위에서 밀려나 있다. 자신의 특성과 수준에서 비슷한 사람을 인정하니 그런 사람에게 저평가를 받더라도 대수롭지 않다. 인격과 실력 모두 의심스러운 사장의 말에 연연하지 말고 신경 쓰지 않아야 할 이유이다.

어디에서나 쉴 새 없이 말을 많이 하는 사람이 있다. 마치 말하지 않는 순간을 견디지 못하는 사람처럼 늘 말하는 사람은 사실 불안해서이다. 말이 많다 보면 실수를 하게 되어있다. 말이 앞서는 사람, 말로 다 하는 사람, 말만 하는 사람. 하여간 말이 많은 사람은 구설수에 오르기 쉽고 일을 그르치기 쉽다. 그의 말과 함께 무너지지 않으려면 거리를 둬라. 그가 하는 말에 의미를 부여하지 마라. 이 또한 대수롭지 않게 여겨야 할 대상이다.

'답정녀'가 주변에 있는가? 답을 정해놓고 절대로 자신의 의견을 꺾지 않는 불통인 사람과 말씨름하지 않는 것이 정신 건강에 유익하다.

신경 쓰지 않고 대수롭지 않게 넘겨야 할 필요성에 대한 연구 결과°를 살펴보자.

실험 참가자들에게 총기 규제에 관한 내용의 기사를 읽도록 했다. 그 결과 자기 철학과 같은 내용은 읽었지만 관계없는 내용은 아예 쳐다보지도 않았다. 미국 오하이오 주립대학 실비아 웨스터윅(Silvia Wester-wick) 심리학박사의 연구는 완고한 사람의 말을 대수롭지 않게 넘겨야 한다고 말한다. 살다 보면 씨름하며 이기려고 노력할 필요가 없는 상황이 있기 마련이다.

"그들이 수준 낮게 갈 때 우리는 높게 갑니다(When they go low, we go high)."

이 말은 미국 민주당 전당대회에서 트럼프의 공격에 대해 오바마가 대응한 말이다. 즉 '트럼프가 저급하게 나오더라도 본인은 휘둘리지 않고 품격을 유지하겠다'라는 뜻이다. 거북한 소통에서 나의 말을 준비한다면 불필요한 소모전을 줄일 수 있다. 대수롭지 않게 버리면 될 말에 일일이 대꾸하거나 시간을 소비하지 말자. *

모두에게 인정받는다는 것은 어렵다. 그럴 필요도 없다. 다른 사람의 평가 하나하나에 신경 쓰지 않았으면 한다. '나에게 왜 그런 말을 했을까? 정말 그런가?'라며 휘둘릴 필요가 없다. 나 자신을 믿으면 나를 향한 다른 사람의 부정적인 말에 대수롭지 않게 반응한다. 사실 나에게 가장 큰 관심을 가진 사람은 그 누구도 아닌 나 자신이다. 대수롭지 않게 여겨야 할 사람의 말을 패스(pass)하자. 일일이 반응하거나 연연하지 않는 게 나를 지키는 방법이다.

진짜 리더의 말은
나와 상대의 가치를 지킨다

　누구에게나 다양한 역할이 있다. 자신이 속한 곳에서 누구나 리더를 경험한다. 리더는 책임감이 따른다. 그룹의 목적을 달성하는 것뿐만 아니라 그룹원의 삶에까지 영향을 미칠 수 있는 자리다. 누군가를 리드하는 자리는 쉽지 않다. 어떤 리더로 살아가느냐가 중요하다. 존경받는 리더는 솔선수범하는 리더이다. 하기 어려운 것을 자신이 먼저 하며 본보기를 보이는 언행일치의 사람이다. 앞장서고 헌신과 희생이 따르며 모델링이 되기에 따르는 사람들을 격려하고 다독인다.

　자기 스스로가 그 길을 걸어왔기에 유능함은 기본이다. 360도 전체적인 조망능력과 판단력 그리고 추진력을 갖춘다. 파생되는 일들과 예측되는 여러 경우의 수를 속속들이 감지하여 사전에 준비한다. 그만큼의 시간과 정성을 들여 가슴으로 생각하고 몸으로 헌신하기에 구성원에게 신뢰를 준다. 섬김의 태도는 따르는 사람들의 불안을 안심으로 바꾼다.

리더의 기본은 섬세한 배려다. 진짜 리더는 스스로 드러내지 않고 내세우지 않는다. 융합하고 소통하여 조화를 이룬다. 진짜 리더는 존경받는다. 존경받는 리더의 말은 헤아림이 있어 따뜻하고 깊다. 겸손하게 섬김으로 소통한다. 자신이 한 말을 먼저 지키며 말과 행동을 같이한다. 자연스럽게 사람이 따른다.

스티븐 코비(Stephen R. Covey)는 아홉 명의 자식에게 말과 행동이 일치한 아버지의 삶을 보여주었다. 스티븐 코비의 7가지 습관은 책을 완성하기 훨씬 전부터 직접 준비하고 실천하여 얻은 결실인 것이다. 먼저 실천해본 뒤 말하며 가르쳤던 그는 존경받는 시도자가 될 수 있었다. 말과 행동이 일치하도록 가르치는 것을 스스로 행하며 살았던 그는 자신의 실수를 바로 인정했다.

"딸아, 내가 사랑하는 네게 화를 내서 정말 미안하다."

"여보, 내가 잘못했어요. 어떻게 하면 당신 마음이 풀릴 수 있을까?"

이는 성공한 리더이자 가장이었던 그가 겸손과 섬세한 배려를 가족에게 꾸밈없이 베풀었음을 보여준다.

권위를 내세우는 형식적인 리더보다는 도덕적인 권위를 가진 사람이 진정한 리더이다. 그는 간디처럼 공식적인 직위를 가진 적이 없다. 목표 달성과 출세 위주가 아닌 자신의 사명 완수에 초점을 맞추어 살았다. 수많은 사람과 조직의 성공을 도왔다. 그는 7가지 습관이 자신이 고안해낸 게 아니며 특별한 게 아니라고 한다. 단지 자연법칙과 인간의 보편적 원칙을 바탕에 두고 있다. 사람들은 상식적이고 사소한 것이라도 행동에 옮기지 않는다. 알고 있는 것을 말했다면 말한 대로 행동해야 한다. 기본부터 지킬 수 있게 먼저 본이 되는 삶을 살아야 한다.

그가 죽은 후 가족을 찾아온 한 남자가 말했다.

"그가 30년 전 힘든 환경에서 고통받던 나에게 만들어 준 '자기 사랑 테이프'를 지금도 간직하고 있어요. 20분 가량의 녹음테이프는 내 인생을 바꿔준 기적의 말입니다. 그는 신이 나를 사랑하고 내가 대학에 갈 것이며, 반드시 나도 가족을 가질 거라고 말해주었지요. 30년 동안 난 계속 들었고 그가 내게서 발견해 준 모든 것을 이루었습니다. 그가 아니었더라면 지금의 나는 없었을 겁니다."

깊은 배려와 공감의 리더인 스티븐 코비는 최고의 인간적인 매력을 지녔다. 자기 철학과 눈에 보이지 않는 가치를 중요하게 지키는 리더의 말은 사람을 살핀다. 정신적으로 살리고 실제적인 삶도 살리는 능력이 있다.

2020년 방영된 SBS 드라마 「낭만닥터 김사부 2」에서 세 종류의 리더가 등장한다. 진짜 리더, 가짜 리더, 그리고 자신이 가짜임을 감지하며 번민하는 리더이다. 등장인물 중 거대병원 이사장인 도윤완처럼 대부분의 가짜 리더는 자신이 가짜인 줄 모른다. 불타는 출세욕으로 자기

야망을 채워줄 사람만 사용하니 그에게 사람은 소모품이다. 갑을관계와 줄서기를 조장하여 편을 가르고 서로 단점을 들춰 비하하고 고자질하는 집단을 만든다. 자신에게 기는 사람은 주류가 되고 그러지 않으면 비주류가 된다. 그러나 이미 성공의 자리에 있으면서 사회적 기준으로 봤을 때 실패의 자리로 밀려난 듯한 시골병원 의사 김사부의 멸망을 집요하게 쫓고 있으니 참 아이러니하다. 마지막 회에 27% 이상 높은 시청률을 보였던 이유는 드라마 속, 낭만 보존의 법칙이 보는 이들의 속을 시원하게 해주었기 때문이다. 바로 드라마가 전하는 메시지의 상징이다.

"사람들은 낭만 보존의 법칙을 원한다. 존재한다는 걸 알면서도 존재하지 않는다고 부정하며 회피하는 것, 자신은 모른 척 살지만 누군가는 꼭 지켜줬으면 하는 사람다운 가치들. 이에 반하는 것들 사이에서 매번 선택해야 하는 기로에 놓인다. 정답을 모르더라도 왜 사는지, 무엇 때문에 사는지 이런 질문을 포기하지 않는 한 우리의 낭만은 지켜진다." 라고 김사부는 말했다.

한 때 신의 손이라 불리며 거대병원 본원 수석 외과의로 이름을 날렸던 주인공 부용주는 홀연히 사라져 시골 돌담병원 외과 과장으로 지낸다. 그곳 사람들은 그를 김사부라 부른다. 극중 돌담병원에서 오랜 세월 함께한 마취과 의사 남도일이 바뀐 병원장으로부터 하루아침에 부당 해고통지를 받는다. 병원장의 갑질을 질서라는 명목으로 받아들이며 출근을 포기하려는 그를 찾아가 김사부가 말했다.

"남선생, 어쩔 수 없다는 말 뒤에 숨는 건 아닌지, 무례하고 존중도 없는 사람들을 상대하는 것이 귀찮더라도 아직은 아니야. 이 싸움 정말 그만두고 싶다면 소신껏 네 방식대로, 너답게 그만둬.”

비참하게 사라질 수 있었던 동료에게 일침을 놓는 말이다. 오직 사람을 중시하는 김사부의 말은 소신이 흔들리는 사람을 제자리에 데려다 놓는다. 김사부의 충고로 복귀한 남도일은 본연의 모습을 되찾고 수술방을 열어 갈등 상황을 깨끗하게 정리한다.

수술실 울렁증을 버티기 위해 약을 먹고 견디다가 졸거나 뛰쳐나가는 행동을 반복했던 흉부외과 펠로우 2년차 차은재, 일등으로 탄탄대로였던 그녀가 의사로서 구제불능의 문제아로 낙인찍힌다. 김사부는 돌담병원으로 쫓겨온 그녀의 약점을 감싸안고 거짓말처럼 고쳐준다. 본원으로부터 돌아오라는 연락을 받고 세상이 인정하는 출세의 길을 선택할지 고민하는 차은재에게 김사부가 말했다.

“어떻게 할지 내가 말해줄 수 있는 부분이 아니야. 인생은 남과의 비교 문제가 아니라 자신의 선택 문제거든. 확실한 건 넌 어딜 가든 분명히 잘 해낼 거라는 거다. 네가 어떤 선택을 하든 네 자신을 의심하지 마! 확신을 가져.”

일등 우선주의의 남다른 열정을 가졌던 그녀의 캐릭터 때문에 아무도 내재된 인간미를 보려 하지 않았다. 그러니 잘 해내도 긍정의 피드백을 받지 못해 ‘또 내가 틀린 걸까?’ 의심하며 패배의 쓴맛을 느껴왔다. 그랬던 그녀가 자기 인생을 선택하고 결정하게 돕는 말이다. 돌담병원으로 쫓겨온 그녀는 자신의 진가를 발휘하며 가장 자기답게 성장

138

한다. 진짜 리더를 만났기에 빛을 발할 수 있었다. 눈에 보이지 않는 그녀 안에 근성과 가능성을 신뢰하고 수용해 준 리더 덕분에 빛나는 인생으로 바뀌었다.

진짜 리더는 자신의 소신을 행동으로 지키며 함께 하는 이들을 정신적, 물리적으로 이롭게 한다. 그가 추구하는 소신 자체가 자신을 돋보이게 하는 욕심이나 이기주의, 아집과는 거리가 멀기 때문이다. 사람을 최우선으로 놓고 타인을 존중하며 이롭게 하는 소중한 가치를 지킨다. 모든 사람들이 알고는 있지만 권력이나 돈, 욕심 앞에서 부정하는 아름다운 가치를 말이다. 평소엔 한없이 관대하지만 가치에 반하는 것과의 타협은 없다. 대부분의 사람들과 다르기에 부딪힘은 필수 과정이다. 그래서 외롭다. 실패자처럼 보일지 몰라도 진정 성공한 사람이다. 소중한 가치를 아는 사람들, '진짜'들이 곁에 모이기 때문이다. 그러니 진짜 리더다.

진짜는 진짜를 알아본다. 지금은 그렇게 보이지 않아도 '환경에 따라 코이(관상어중 하나)의 성장이 달라지듯이 믿어주고 인정받는 만큼 사람의 능력도 커진다.'는 코이의 법칙을 실현해 간다. 가짜는 자기에게 유리한 사람, 자기 말을 무조건 따르는 사람만 곁에 두기에 건강한 집단을 만들기 어렵다. 건강한 집단을 위해 불의를 보면 아니라고 말할 수 있는 것이 리더의 책무이며 존경받을 근거이다.

존경받는 리더의 말에는 감동이 있다. 감동은 사람을 움직인다. 자신의 진짜 향기를 놓치지 않고 살도록 영향력을 준다. 나 아닌 다른 사람에게 크고 작게 공헌하는 삶을 산다. 변화 받은 상대가 나와 같이 사람을 존중하며 살 수 있도록 잠재능력을 일깨워 준다.

말하는 대로 실천하며 실천한 것을 말하고 솔선수범하는가? 그렇다면 당신은 누군가를 살리는 말을 하는 성공한 리더이다. 기억하자! 당신은 이미 누군가의 내면을 살리고 아름다운 가치를 만드는 리더이다.

실천팁 진짜 리더가 되기 위한 방법

	진짜 리더의 조건	방법
과정	감동주기	• 언행일치 • 헌신 • 솔선수범 • 함께하기 • 배려 • 인간적 매력
	공헌하기	• 자기 가치 발견 • 사람다운 가치 지키기 • 잠재능력 깨우기
	다음 세대까지 미치는 생명력	• 일관된 겸손의 태도 • 자기 철학 • 말하는 대로 실천
⊻		
결과	다른 사람의 삶에 영향을 줌 / 재생산	

내게 스며있는 안 좋은
말하기 습관을 찾는 방법

내 행동을 제어하는 말은 어떤 말일까? 주춤거리거나 부정적인 생각과 부정적 감정으로까지 이어지게 하는 말은 어떤 것이 있을까? 자신이 만족하지 못한 자기 모습이나 상태가 있을 것이다. 그런 상태가 되는 마음의 경로, 이동 과정을 살펴보면 패턴이 있음을 알 수 있다.

행동에 좋지 않은 영향을 미치는 말을 하다 보면 습관이 되고 습관은 일상생활이 되며 일상이 쌓여 인생을 이룬다. 그러니 자신도 모르게 행동을 좌지우지하는 말투 패턴, 즉 말 습관을 아는 건 중요하다.

한국심리학회지에 실린 논문 중, 서울대 심리학과 민경환 교수팀은 '한국어 감정 단어'에 관해 연구했다.

한국어에서 감정 표현을 하는 단어는 대략 430개이다. 그 가운데 긍정 표현의 단어는 약 30%이고, 부정적 표현의 단어는 70%이다. 연구에 의하면 평소 자주 쓰는 표현은 '힘들어', '짜증 나', '열 받아' 등의 부정적인 표현이었다. 너나 할 것 없이 습관적으로 부정적인 말을 사용하고 있었다.

생각해 보니 일상에서 '행복해', '즐거워', '만족스러워'라는 말을 거의 듣지 못하는 듯하다. 더이상 자신도 모르게 입버릇이 되어버린 안 좋은 말투 습관에 끌려다니지 않아야 한다. 그러기 위해서는 내 말 습관을 먼저 알 필요가 있다. 어떻게 알 수 있을까? 말 습관을 알아가는 과정을 통해 생각에 그쳐 과제처럼 남아있는 모호함을 풀어보자. 자기 말 습관을 바꾸는 방법에 대해 하나하나씩 짚어본다.

습관된 말을 하기 전 탐색할 점

① 원인을 파악한다

먼저 그렇게 말하는 이유를 파악한다. 그러면 말 속의 욕구를 알 수 있어 자기 마음의 이해를 돕는다. 습관적인 말을 주로 언제 쓰는지, 누구와 있을 때, 어디서, 무엇을 할 때 쓰는지 파악한다. 습관된 말의 원인과 내적 욕구를 살펴보자.

일상범위	주로 언제	말 습관	왜	욕구	방향
일터	업무량이 많을 때	힘들다	정신·체력 소진	여유. 재미	자신
	해결한 일을 번복할 때	피곤해. 정말 싫다.	무엇을 위함인가? 뭣이 중한데?	존중. 창조	상대방 외부
	강압적일 때	그걸 왜 해?	부당함	상식적인 처리	상대방 외부
집	계획한 것을 다 못했을 때	나 어떡해? 아무것도 못 했어.	기준이 높다. 자신에게 깐깐하다.	결과 중시	자신
	많이 먹었을 때	이 바보야 진짜.	스트레스. 둔해. 먹이에 집착하는 자신이 싫다.	절제력	자신
	늦은 시간 취침할 때	또 이렇게 헛되게 보냈어. 이 시간 동안 뭐 한 거야?	건강 걱정 현재 과정 무시	건강. 결과 중시	자신
	원하는 대로 되어있지 않을 때	맨날 왜 그래	내 말을 안 들어줘서 화난다.	통제 욕구	상대방 외부

② 선행 반응을 유추한다

그 말을 하기 전에 나타나는 자신과 상대의 선행 반응을 유추한다. 습관적인 말을 하기 전에 주로 나는 어떤 말이나 행동을 하는지, 상대는 어떤 말이나 행동을 하는지 이해한다.

③ 말 습관 신호를 파악한다

습관화된 말을 하기 전에 전초전으로 늘 하는 신호가 있을 것이다. 그

것이 말이든 감정, 행동이든 파악한다.

상황	전초전 신호	말 습관
업무량이 많을 때	한숨이 안 쉬어짐	힘들어
해결한 일을 번복할 때	코웃음	피곤해
강압적일 때	화. 일단 말 없어짐.	그걸 왜 해?
계획한 것을 다 못했을 때	우는 소리 "어떡해?"라며 남편 어깨 잡고 흔들기 설명 변명하기	아무것도 못 했어!
많이 먹었을 때	입에 넣는 손의 빠른 움직임 감지 저 강냉이 때문에~ 강냉이 탓하기	바보야 진짜~
늦은 시간 취침할 때	남편에게 호소 "이게 뭐야? 자야 했는데." "12시가 또 넘었잖아."	또 이렇게 헛되게 보냈어
원하는 대로 되어있지 않을 때	어휴~. 목소리 톤 달라짐	맨날 왜 그래?

습관 된 말을 하는 동안 탐색할 점

① 상황 파악

주로 어떤 상황에서 습관적인 말을 하는지 알 필요가 있다. 예를 들면 내 감정을 상하게 하는 상대의 언행 목록을 작성해 보는 것이다. 구체적으로 살펴보자.

내 감정을 상하게 하는 상대 언행 목록	감정 상하는 이유	유도된 말 습관
말을 끊음. 대꾸하지 않음	무시당한 느낌	방어. 밀어내는 말투
명령 말투		
자기 말만하는 답정너	벽과의 대화	직설적인 말투. 단절 말투
핵심 없이 장황함	답답한 느낌	다그치는 말투

말을 끊는다는 건 상대 말을 듣지 않는 것이다. 말의 도입을 들으며 자기 생각과 맞지 않음을 알고 자기 틀에 맞추고자 끊는 말 습관이다. 자기 생각과 입장에 더 치우쳐 강요하고자 하는 심리다.

"됐고, 결론이 뭐야?"

"잠깐만, 그건 아닌 거 같은데요."

감정이 좋을 리 없다.

무시당하는 느낌이 들어 말이 곱지 않게 간다. 감정대로 공격적인 말투로 대화를 이어가거나 마음을 닫고 밀어내는 말로 대화를 끊게 된다. 끊고 싶은 엄한 말을 하는 상대의 말이더라도 일단 들어보자. 눈을 맞추며 어떤 생각을 얘기하려고 하는지 듣는다.

대화할 때 적게 말하고, 상대 말을 경청하는 것이 좋은 말 습관이다. 미국 최고의 토크쇼를 진행하는 오프라 윈프리가 토크쇼에서 본인이 말하는 시간은 약 10분 정도다. 25년 이상 유능한 토크쇼 진행자로 자리매김할 수 있었던 비결이었다. 토크쇼가 진행되는 대부분의 시간에

출연한 게스트와 눈 맞춤을 하고 끄덕이며 마음을 다해 듣는다.

누군가의 말을 듣다가 '그게 아닌데'라는 생각에 말하고 싶어질 때가 있다. 그때 잠시 멈추고 자신의 말을 하고 싶어 급해지는 마음 보따리를 풀지 않고 가만히 있자. 상대가 말하도록 배경이 되어준다.

"지금 하는 B 씨의 말은 좀 아니야. 내 입이 말하고 싶지만 잠깐만 있어 보자."

"일단 들어 주자. 저렇게 생각하는 이유가 있을 거야."

"나와 다른 의견이라고 답답할 필요는 없어. 더 좋은 아이디어가 생길지 어떻게 알아? 일단은 계속 들어 볼까?"

잠시 입을 멈추고 마음으로 들어준다.

"아, B 씨는 이런 마음이었구나."

"음, 그럴 수도 있겠네."

자신도 예측하지 못했던 반응이 나타난다. 상대의 말을 끊지 말고 들어주자. 상대의 다름을 인정하게 되고 습관이 된 좋지 않은 말투가 변할 것이다.

② 말 습관 인식

말 습관을 인식하기 위해 자기가 한 말에 집중하며 귀 기울인다. 대화할 때 상대의 말이나 다른 사람의 말은 매우 잘 들린다. 어떤 특징이 있는지 파악이 쉽다. 그러나 자기 말을 스스로 인식한다는 건 의지적인 노력이 필요하다. 안 좋은 말 습관을 인식하는 데 유익한 방법을 소개한다.

● 녹음·스냅 영상 촬영하여 듣고 보기

예전에 나도 모르게 녹음된 통화 기록을 들으며 깜짝 놀란 경험이 있다.

"아, 내 목소리가 이렇게 힘이 없었구나. 신이 나서 전화했던 상대가 무안했겠다."

"엄마와 통화할 때 퉁명스러운 말투가 있는 줄 몰랐네."

우연히 확인한 통화 대화 중, 내 말을 듣고 나 자신을 되돌아볼 수 있었다. 그 이후로는 의식적으로 내 말과 목소리 에너지 레벨에 신경을 쓰며 대화하려 노력하게 되었다.

● 자주 쓰는 자기 말 체크. 횟수 파악

내 말을 들으며 자주 쓰는 말의 빈도수를 파악한다. 하루 동안 특별하게 자주 사용한 단어가 무엇인지 발견한다.

'말도 안 돼', '절대 아냐', '짜증이 나네'라는 말을 자주 쓰는 때는 나 자신의 내면 상태가 좋지 않을 때이다. 자주 쓰는 말 습관으로 내적인 상태를 파악할 수 있다. 이런 패턴을 반복하면서 부정적인 말을 자주 하고 있으면,

'아, 나 요즘 상태 안 좋구나.'

'요즘 나를 가장 힘들게 하는 건 뭐지?'

'근래 들어 스스로 만족하지 못한 나의 모습은 어떤 걸까?'

내면 상태를 떠올려 본다. 알아차리고 자문해 본다. 그런 다음 알게 된 내면을 다독여 버림과 채움으로 보충하면서 안 좋은 말을 줄여 간다. 내가 아는 그 상태의 마음이 될라치면 알아차리고 마음의 방향을

다잡는다. '요즘 일정이 많아 피곤하니 여유가 없어지네. 부정적인 말 습관이 나올 수 있겠어.'라고 생각하며 내 말을 단도리한다. 점차 말 습관이 변해간다.

● 지인 피드백

지인이든 가족이든 직접적인 표현을 들어도 반박하지 않고 수용하는 사람의 피드백은 귀하다. 몇 가정이 부부동반 정례모임을 갖는다. 모임을 마치고 돌아온 어느 날, 남편이 말했다.

"여보, 아까 새로 온 부부와 대화할 때 어땠어?"

"뭐 그럭저럭 괜찮았는데…. 자기가 듣기에 어땠어요?"

"그녀가 인사한 후 자기와 이야기하는 걸 우연히 들었는데, 당신을 낮추더라고. 초면인데 반말을 하면서. 와~ 자기가 대단했어! 예전 같으면 바로 지적했을 텐데, 이번에 그러지 않았지. 재치 있고 의미 있는 말로 받아내던걸."

"그러게요. 나도 느꼈어요. 예전에는 살짝 밟아 줬을 텐데 하하하! 내가 그녀보다 많이 어린 줄 알았나 보죠. 뭐."

나도 느끼고 있었다. 내 말과 상황을 누군가 기억하여 피드백해 주는 것은 안 좋은 말 습관을 바꾸는 과정에 큰 도움을 받는다. 부정적인 말이든, 긍정적인 말이든 내 실수나 노력에 관해 객관적인 시각을 갖게 한다. 당사자인 나 자신은 미처 보지 못하고 놓치는 전체 조망 능력을 갖추게 한다.

● 대화 적어보기

어떤 상황에서의 자기 말을 되돌아보고 싶다면 대화와 상황을 그대로 쓰는 방법이 있다. 대화를 기억하여 쓰다 보면 쓰면서 새로운 느낌이 들고 적은 것을 읽다 보면 정리가 된다.

첫째, 내게 왜 그 감정이 생겼는지 점검할 수 있다. 시간이 지난 후이므로 감정이 좀 사그라진 상태이기에 상황을 객관적으로 파악하는 여유가 생긴다. 차후 감정을 빼고 내 입장에 대한 원인과 느낌을 전하여 문제를 해결할 수도 있다. 쓰다 보면 해결 방안이 떠오르기도 한다.

둘째, 미처 알지 못했던 상대의 감정을 알 수 있다. 상황을 자세히 기록하다 보면 상대가 느꼈을 법한 감정의 폭을 가늠하고 이해할 수 있다. 즉, 내가 알지 못했던 상대 관점에서 느껴볼 수 있기에 유익한 방법이다.

실천팁 안 좋은 말습관을 찾는 방법

안 좋은 말 습관을 찾는 방법	인식 · 파악되는 점
녹음 · 스냅 영상 촬영하여 듣고 보기	전혀 몰랐던 말 습관 인식 상대의 입장 재인식 · 이해
자주 쓰는 자기 말 체크, 횟수 파악	'아, 나 요즘 상태 안 좋구나' 자기 상태 파악 내면 탐색, 내면 패턴 인식
지인 피드백	놓쳤던 전체 조망능력 향상
가족의 표정 · 뉘앙스 · 대답 반응 관찰	내 말 · 태도의 강도 파악
대화 적어보기	원인 파악 내 욕구 · 진짜 감정 재인식 '이렇게 느꼈겠구나' 상대의 몰랐던 감정 인식

습관 된 말을 바꾸기 위한 탐색

① 대체할 말을 찾는다

우메다 사토시는 《말이 무기다》에서 '습관만이 자신을 바꾸는 유일한 방법'이라고 했다. 그는 '습관을 바꾸기 위해 자기만의 규칙을 정하고 동작을 반복하여 지키는 행동'이 중요하다고 한다. 목표를 달성할 수 있는 최고의 방법이 습관이라고 강조했다.

나만의 말 습관을 바꾸기 위한 실천 방법을 소개한다.

● 일어나자마자 하는 긍정의 첫 마디

일어난 후 10분 동안은 뇌에 가장 강력한 영향을 끼친다. 아침에 일어난 후 말하는 첫 마디는 스스로 긍정의 에너지를 채운다.

● 나만의 구호 외치기, 주문 걸기

나만의 말 습관 목록 만들기를 통해 대체할 말을 정하고 늘 말한다.

● 주기적으로 자신과 데이트하기

자신과 만남의 시간을 습관적으로 갖는다. 자신을 돌아보는 시간은 꼭 필요하다. 자기 내면의 소리를 듣는 시간을 통해 말 습관을 점검하고 바꾸는 기회를 얻는다.

● 말 습관 바꾸기를 조력해줄 사람과의 주기적인 시간 갖기

믿을만한 지인에게 부탁하여 객관적인 눈으로 바라보고 피드백해 달라고 부탁한다. 객관적이고 냉정한 피드백을 귀담아 듣는다.

● 바꾸고 싶은 말의 대체할 말 찾기

대체할 말이 없으면 바꾸지 않는다. 대체할 말을 마련하여 실천하고 유지한다. 지속하는지 스스로 인식하고 기록 관찰한다.

실천 팁 나만의 말 습관 목록 만들기

방해되는 말	대체할 말	결과
내가 그렇지, 뭐.	난 바뀔 수 있어.	자존감 UP
바보 같아, 정말~	잘했어, 잘하고 있어.	진짜 잘한 일들이 기억에 되살아남
미쳐버리겠네.	별일 아냐.	별거 아닌 거로 재인식
됐고, 결론이 뭐야?	어디, 들어 보자!	선입견 사라짐
도저히 안 될걸.	어려울 수 있지만 해보자.	긍정성 UP
오늘은 시간이 없어 못 만나.	내일은 시간이 넉넉하니 내일 만나자.	친밀감 UP
언젠가는 그렇게 할 거야.	지금 할 수 있는 만큼 할 거야.	삶의 만족감 UP
지겨운 회사, 진짜 출근하기 싫다.	좋은 일이 생길 거야. 내가 누군가의 좋은 일이 될 거야.	삶의 만족감 UP

② 계속 실천한다

공자는 '들은 것은 잊어버린다. 본 것은 기억한다. 그러나 행동으로 옮기면 그때야 비로소 이해가 된다.'라고 했다.

듣고, 보며 아무리 생각하더라도 행동하지 않으면 습관을 바꿀 수 없다. 행동하기 위해 먼저 내게 스며있는 좋지 않은 말 습관이 무엇인지 찾아야 할 것이다. 그 방법을 정리한다.

- 원인 파악
- 나와 상대의 선행 반응 알기
- 말 습관의 신호 파악
- 상황 파악
- 말 습관 인식
- 대체할 말 찾고 실천하기
- 계속하기

이렇게 대체할 말을 지속해야 내 말이 된다. 바꾸고자 하는 말을 계속했을 때 원하는 말 습관이 형성되고 말에 나를 담아낼 수 있다. 실천은 관계를 호전시키는 밑거름이다. 바뀐 나의 말 습관을 실천하려는 방법으로 다음과 같이 행동해 볼 것을 권한다.

- 일어나자마자 긍정의 첫 마디로 구호 외치기
- 일상에서 구호 외치기. 주문 걸기
- 주기적으로 자신과의 데이트 습관화하기
- 주기적으로 지인과의 데이트 습관화하기
- 대체 말투를 정하고 습관화하기
- 대체 말투를 하게 하는 작은 행동 습관화하기

문제가 아니라 해결에
집중하는 말은 관계를 살린다

미국 대통령이었던 존 F. 케네디(John F. Kennedy)는 '우리가 할 일은 과거에 대한 비난이 아니라 미래를 위한 계획'이라고 했다. 그러나 사람은 돌발적인 상황에서 흔히 두 가지 반응을 보인다. 문제에 초점을 맞추거나 해결에 시선을 둔다. 누군가가 문제에 초점을 맞추면 원인을 찾는다. 원인을 분석하다 보면 옳고 그름을 따진다. 잘잘못을 따지는 말은 논쟁을 부른다. 논쟁하다 보면 자기 관점에서 변명과 방어, 책임 회피와 같은 비겁한 모습이 나타난다.

누가 옳고, 그른지 말해 봤자 과거를 바꿀 수 없다. 지나간 문제를 바라보며 잘못한 사람에게 훈계하거나 잘못을 따지면 문제를 해결하기 어렵다. 미래에 초점을 맞추어 지금 할 수 있는 해결 방법을 모색하는 것이 바람직하다. 과거의 지나간 문제의 원인을 따져 묻는 말은 해결에 집중하는 말로 바꾸어야 한다. 건설적인 가치를 담고 있어 나와 상대, 듣는 사람 모두를 살린다.

예술 심리치료 세션 중 공연을 준비하던 때다. 인원 변경으로 무대 위 자리 배치를 다시 해야 하는 상황이었다. 모두가 지치고 예민해져 있었다. 리더인 나는 몸도 머리도 과부하 상태에서 전체 멤버를 바라보며 침묵에 빠졌다. 빈자리를 메워야 하는 숙제가 생겨 마음이 더 무거웠다. 연희가 말했다.

"수지가 못하게 됐어. 누가 이 자리를 메꿀까."

"그럼 수지 대신 동작을 다시 외워야 하는데 힘들지. 이제 와서 왜 못 한데?"

"맞아. 너무 하네. 하기로 했으면 해야지. 일단 대타로 했던 연희가 하면 어때?"

연희가 다시 말을 받았다.

"난 대타만 하니? 민호도 안 오고…. 애들 왜 자꾸 빠져? 오라고 해. 너무 무책임해."

"짝도 안 맞고 수지 자리 메꾸면 줄도 틀어져. 문제가 심각한데."

현명이가 대안을 제시했다.

"아, 이렇게 하면 되겠다! 셋씩 모였던 걸 둘로 바꾸자. 대형을 살짝 곡선으로 모으면 빈자리 없이 자연스럽게 보일 거야. 그럼 모두 자기 자리를 지키며 불편하지 않게 돼."

"아, 이렇게 하면 되겠다!"라는 한마디를 듣는 순간 문제에서 빠져나와 꼬인 상황이 해결되었다. 서로가 힘들어 감정적인 말이 오가려는 것을 조절해 주었다.

심각 모드에서 경쾌 모드로 바뀌게 한 이 말은, 해결에 집중하는 마법의 말이다. 환하게 미소 지으며 방법을 안내하는 현명이의 태도는 해답을 향해 열려 있었다. 문제를 바라보지 않고 문제를 넘었다. 문제에 매어 입씨름하던 모두에게 해답을 말하는 그녀의 한 마디는 시원한 사이다 같은 말이었다. 돌발 상황이 생겼을 때 문제에 머무르지 말고 해결에 집중하여 말하자. 듣고 있던 모든 사람의 문제가 해결된다. 해결에 집중하는 말은 모두를 살린다.

불가능한 이유를 찾는 대신 해결 가능한 방법에 집중한다. 원인을 찾아 뒤로 거슬러 가면 잘잘못을 따지게 된다. 그야말로 승자 없는 입씨름인 셈이다. 입씨름은 누구에게도 건설적이지 않다. 결국, 승자도 없고 아무 성과도 얻을 수 없다. 회의(懷疑)스러운 회의(會議)의 한 장면이다.

"지난 상반기 실적 보고는 어떻게 되었는가?"

"아직 결산을 끝내지 못했습니다."

"지금이 몇 월인데 아직인가?"

"영업부에서 최종 보고를 받지 못했습니다."

영업부장이 말했다.

"재무 담당자가 결산 자료를 제출하지 않았습니다."

"결재를 올렸지만, 외부 일정이셔서 아직 결재 받지 못했습니다."

영업부장과 재무담당자가 어쩔 수 없다는 듯 변명했다. 위에서부터 줄줄이 남 탓만 하며 책임을 회피했다.* 문제에 초점을 두고 질책하는 이 시간은 이미 회의가 아니다. 문제 원인을 떠넘기고 누구도 잘못을 시인하지 않아 논쟁만 일삼았다. 해결도 없고 누구도 성과 없는 잡초 같은 말을 뽑아버리자. 해결에 집중하는 말은 회의(會議)다워진다. 재구성해 본다.

"지난 상반기 실적 보고를 하시지요."

"아직 마무리되지 않아 오늘 최종 실적 보고가 어려운 점 죄송합니다. 한 번 더 꼼꼼히 체크 하도록 결산 보고 시기를 제가 늦추었기 때문입니다. 사흘 후 보고 드리겠습니다."

얼마나 멋진 리더의 말인가? 직원의 잘못을 떠안고 책임을 감수하려는 말은 상대가 자기 잘못을 뉘우치게 한다. 문제를 들추며 남 탓하는 말은 대물림되고 아무도 책임지지 않아 문제가 자신에게 부메랑처럼 돌아온다. 윗물이 맑지 않으니 아랫물도 마찬가지며 결국 썩어서 고인다. 잘잘못을 따지지 말고 해결에 초점을 두어 말하자. 일이 잘 풀리고 동료애까지 느낄 수 있다.

미국의 한 경영학자가 긍정탐구(Appreciative Inquiry) 방법론을 창안했다.* 이 방법론은 문제가 아닌 해결에 초점을 맞춘다. 장점을 최대치로 끌어올려 단점이 의미 없어지도록 한다. 긍정에 대한 기억을 떠올릴 수 있도록 질문한다.

"당신 최고의 기억은 무엇인가? 그 순간은 언제였는가?"

"당신의 장점 세 가지는?"

"당신이 속한 조직이 가장 행복하게 일할 때는 언제였는가? 무엇이 그것을 가능하게 했는가?"

긍정탐구 방법론은 가진 강점을 극대화하여 건설적으로 문제를 해결하게 한다. 긍정탐구 방법론에서 제시하는 질문에 집중하고 답해 보자. 문제로 점점 매몰되는 것을 방지하고 해결에 이르는 순방향을 타게 될 것이다.

실천 팁 해결에 집중하여 해답을 찾는 말

문제에 집중하여 뒤로 가는 말 (원인 분석 · 남 탓 · 책임 회피)	해결에 집중하여 해답을 찾는 말 (해결 방법 발견 · 내탓 · 책임 감수)
도대체 누가 이렇게 한 거야? 담당자가 누굽니까? 이럴 땐 이렇게 했어야지	자, 이제부터 어떻게 할 수 있을까요?
인제 와서 왜 못해? 어쩌라고? 너무 무책임한 거 아니야? 문제가 심각한데…	아, 이렇게 하면 되겠다! 그럼, 지금부터 방법을 찾아 보자.
글쎄요, 영업부에서 자료를 받지 못했습니다.	제가 시기를 늦추었기 때문입니다.

● 가장 나다운 움직임: 오센틱 무브먼트(Authentic Movement)

융(Carl Gustav Jung)의 분석심리학을 기반으로 한 무용동작심리치료의 방법론이다. 무용동
작치료사 화이트하우스(Mary Whitehouse)는 융의 적극적 상상법을 접목하였고 무의식의
움직임을 통한 치유적인 접근을 모색했다. 진정한 자신의 움직임은 무의식의 욕구와 의미를
통찰하여 내적 성장을 이룬다.

Chapter 04

가장 나다운 움직임*을
되찾게 하는 말

Chapter 4-1

자신의 감정 공식을 알고
다루면 말 패턴이 바뀐다

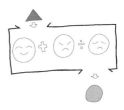

　사람은 원래 생각하고 느끼는 것이 자연스러운 존재이다. 누구나 태어나서 오감을 통해 세상을 만난다. 그래서 느낀다는 것은 누구든 꾸밈없이 자연스러운 것이다.

　어른이 되면서 점차 느끼기보다는 생각을 한다. 상황을 해석하고 문제를 해결하는데 생각을 쏟는다. 그러나 감정을 느끼고 감상하는 데 익숙하지 않다. 사실적인 분석은 저절로 나오는 반면 정서적인 관계성의 말은 어색해한다. 대부분 지위가 있는 사람이 정해놓은 기준과 사고하는 방식을 중요하게 여긴다. 말에서도 자신의 감정과 소신대로 말하기보다는 다른 사람의 기준에 따라 말한다. 그렇게 말하고 행동하는 것이 올바른 것이고 정상적인 것인 양 교육받았다.

　심리학자인 폴 에크먼(Paul Ekman) 교수는 표정과 감정을 연구하였고 감정 체계에 대해 말했다. 사람은 자신의 긍정 감정에 대해 최대로 끌어올리고 부정 감정은 최소화하도록 만들어졌다고 한다. 근본적으로 괴로움을 회피하려는 욕구가 있기에 부정적인 감정에 대해서는 외면하려고 한다. 사람은 감정이 중요하지만 나 몰라라 등한시하며 살아왔음을 알 수 있다. 이렇게 자기 감정을 숨기고 느끼는 것의 억제는 소통의 큰 어려움을 초래한다. 자기를 방어하기 위해 감정을 숨기고 피상적인 관계를 유지한다.

감정을 믿고 다루면 정서 언어는 유연해진다.

감정은 말을 이루는 요소이다. 감정에 서툴다면 말도 투박하다. 말을 이루는 감정은 배워야 다룰 수 있다. 감정이 배제된 말을 하고 자기감정을 모르는 체하는 문화 속에서 감정 다루기는 더욱 중요하다.

우린 모두 감정 다루기에 관심을 두고 배워야 감정을 적절히 다루고 조절할 수 있다. 감정을 다루고 조절하여 일단 자기감정을 믿고 인정해야 한다. 자기감정을 믿으면 말에 자신감이 생겨 적절한 표현을 하게 된다. 피하거나 과하지 않다. 겉과 속이 일치하게 되어 정서적인 관계성의 말이 자연스러워진다.

감정을 잘 다루는 사람은 정서 지능(Emotional Intelligence)이 높은 사람이다. 이들은 말뿐만 아니라 관계를 맺는 능력 또한 탁월하다. 정서 지능이란 자기감정을 충분히 느끼고 알기에 조절할 줄 알며 적절한 대화를 이끄는 능력이다. 말과 감정이 상황에 맞게 조화를 이루어 목적에 알맞은 말을 한다. 다른 사람의 감정을 배려할 줄 알고 문제에 대해 방법을 제안하여 해결하는 능력도 발휘한다.

이지영은《정서조절 코칭북》에서 감정을 조절하는 방법에 대해 소개했다.

① 인지적인 방법

어떤 상황에서 생기는 감정에 대해 생각의 회로를 바꾸는 방법이다. 감정을 바로 표현하기 전에 다르게 생각해 보는 것이다.

'저 사람은 왜 그랬을까? 내가 알지 못하는 속사정이 있는 걸까?'라고 생각한다. 이제까지 왔던 생각의 길을 따르지 않고 새로운 길을 가며 감정을 조절한다.

② 체험적인 방법

감정을 충분히 느끼고 알아 적절히 조절하고 표현하는 방법이다. 상대와의 대화를 통해 감정을 나누고 공유하여 오해 없이 서로를 위로하는 과정이다.

"네 얼굴이 갑자기 굳어져서 좀 무서웠어. 괜한 부담을 주었나 싶었지. 너도 내 말에 좀 당황스러웠지?"

"응, 조금 그랬어. 난 오히려 네가 화난 줄 알고 어색해졌던 건데? 너도 당황했겠네."

솔직하고 적절한 표현은 오해를 막는다. 정서 지능이 높은 사람들의 감정 조절 대화이다.

③ 생리적인 방법

이 방법은 신체에 집중하여 생리적인 작용의 변화로 감정을 조절하는 것이다. 예를 들면 명상이나 요가를 통해 복식호흡을 해서 감정을 조절한다. 차를 마시며 신체를 이완하고 정서를 순환하는 방법이다.

④ 행동적인 방법

액티브한 활동을 통해 감정을 조절하는 방법이다. 산책하거나 운동을 하면서 감정의 리듬을 바꾼다. 사람을 만나 영화를 보거나 대화를 하는 방법이 있다.

부정적인 감정을 비롯해 감정을 알아봐 주고 다뤄줘야 할 강력한 이유가 있다.

브레네 브라운(Brene Brown)은 《마음 가면》에서 취약한 것을 드러내는 것에 진정한 힘이 있다고 말한다. 감정을 외면하면 부정적인 감정을 피할 수 있을 거라는 사람들의 생각이 그렇지 않다고 지적한다. 약한 것을 외면하고 감추면 좋은 것도 무뎌진다는 말이다. 그는 말했다.

"어둠을 마비시키면 빛도 마비된다. 부정적인 감정과 경험을 없앨수록 긍정적인 감정과 경험도 사라진다."

자신의 불완전함을 허용하면 자신에게 친절해진다. 자기의 부정적인 감정을 다루면 자기감정을 신뢰하게 되고 관계성의 정서적인 말도 단단해진다. 말과 감정이 조화를 이루어 자신과 상대를 충분히 배려하며 진실한 대화를 할 수 있다.

그렇다면 감정을 어떻게 다룰까? 자기감정 공식을 알면 다룰 수 있다.

① 몸의 반응을 살핀다

외부 자극이 들어오면 가장 먼저 몸이 반응한다. 어떤 말을 들었을 때 가슴이 뛰는지, 열이 오르고 얼굴이 빨개지는지 안다. 어떤 상황에서 배가 아프고 더워지는지, 하품이 나고 웃음이 터져 나오는지 자신의 몸에 집중하여 관찰한다.

② 감정을 명명한다

감정은 익숙한 것에 편안하다. 예를 들면 아파도 창피해도 미안해도 당황해도 화냄으로 감정을 표현했을 수 있다. 자기 감정을 모르기 때문이다. 몸의 반응과 함께 현재 느끼는 감정 상태를 가만히 살핀다. 그 핵심 감정을 체크 한다. 슬픔인지, 서운함인지, 분노인지, 아픔인지 확인한다. 명명하여 불러준다. 그 감정에 하고 싶은 말의 핵심이 있고 바라는 욕구가 깃들어 있다.

명명화를 잘하고 있었을까? 어떤 감정이더라도 두리뭉실하게 하나의 감정으로 표현하고 있었던 건 아닌가? 습관적으로 익숙한 감정을 표현했을 수도 있다. 진짜 감정을 알아준 후 명명하여 불러주자. 인정받고 다뤄진 감정은 필요한 만큼 저장되고 스스로 사라진다.

③ 스스로 질문한다

"내게 자주 되풀이하는 말은 무엇일까?"

"끝까지 듣기 어려워 자르게 되는 말은 무엇인가?"

"유독 발끈하게 되는 상황은 어떤 말을 들었을 때인가?"

질문에 답을 하다 보면 이러한 감정이 무엇이며 언제 나타나는지, 내게 뭘 말해주고 있는지 알게 된다. 나의 감정 공식을 알고 다루게 되며 나의 말 습관은 변화한다.

《비폭력 대화》에서 마셜 B. 로젠버그는 빈민 지역의 아이들에게 비폭력 대화(NVC)를 가르치기 위해 학교를 방문하여 첫 수업을 시작했다. 감정을 숨기려 했을 때와 솔직하게 표현하며 다뤘을 때 상황과 대화가 어떻게 바뀌는지 살펴보았다.

"안녕하세요?"

학생들에게 로젠버그가 인사를 했다.

"……."

"오늘은 여러분에게 도움이 되는 대화 방법을 함께 공부하겠습니다."

학생들은 아무도 듣지 않고 있었다. 심지어 어떤 학생은 손톱 손질을 하거나 창밖을 바라보았다. 로젠버그는 점점 더 불편해지는 감정을 전혀 말하지 않고 NVC에 관해 설명했다.

"흑인들과 같이 있는 게 싫지요?"

한 학생이 손을 들고 질문했다.

"거북한 건 사실입니다. 여러분이 흑인이라서가 아니라 내가 처음 들어왔을 때 여러분이 나를 반겨주기를 바랐기 때문입니다."

아이들의 눈빛이 달라지며 질문이 쏟아졌다.

"당신은 어디에서 오셨나요?"

"흑인 학생과 함께 한 적이 있었나요?"

"정말이지 엄마의 잔소리는 세상에서 없어졌으면 좋겠어요."

그가 자신의 거북하고 불편한 감정을 숨긴 채 이성적인 말만 했을 때 아이들은 무반응이었다. 용기 있는 한 학생의 말로 그는 자신의 감정을 솔직하게 표현하고 다루었다. 이로 인해 아이들은 관심을 보이며 태도가 변하여 질문했고 자기 얘기를 하기 시작했다. 오해를 풀고 소통할 수 있게 된 것이다. 만약 감정을 외면하고 부정적인 감정을 다루지 않았다면 다음과 같이 말했을 것이다.

"흑인들과 같이 있는 게 싫죠?"

"너희는 학생이야. 보자 보자 하니 어디서 그런 말버릇이니? 당장 그만둬!"

위의 말은 자신의 감정 공식을 인식하려는 시도가 전혀 없다. 부정적인 감정을 피하고 다루지 않았기에 상대의 감정도 무시된 채 소통은 어렵다. 권위적인 말투로 엉뚱하고 과하게 표현한다.

자신의 감정 공식을 알고 소통을 통해 다루는 법을 계속 배울 필요가 있다. 부정적인 감정을 다룰 수 있도록 드러내어 감정을 신뢰하는 것은 매우 중요하다. 감정을 잘 다루면 말과 감정이 조화를 이루어 정서적인 관계성의 말투로 변화할 것이다. 정서 언어와 정서 지능이 높아져서 감정을 충분히 느끼고 조절하며 적절한 대화를 이끄는 사람이 될 것이다.

감정에
휘둘리지 않고 말하기

감정은 사람에게 자연스러운 선물이다. 배가 고프면 먹고 싶고, 졸리면 자고 싶은 욕구와 같이 사람이 가진 자연스러운 생리적 현상이다. 아기를 보면 어떠한가? 저절로 웃음이 나고 마음이 포근해져서 행복한 감정이 들지 않는가? 이처럼 기분 좋고 행복하고 기쁜 감정은 자연스러운 것이다.

또한, 우리는 모두 '전직 아기'다. 아기일 때는 좋아서 소리치고 마냥 즐거워한다. 슬프면 바로 운다. 슬프고 우울하고 화나는 감정도 자연스러운 반응이다. 긍정적이든 부정적이든 감정은 좋고 나쁘다, 잘했다 잘못했다고 뚝 잘라 평가할 대상이 아니다.

감정은 지금의 상태를 고스란히 나타내는 신호이다. 신호가 켜졌을 때 고유의 색을 알아봐 주고 신호가 주는 지침을 지키면 충돌하지 않는다. 자신과 상대의 상태를 나타내는 감정 신호에 온전히 반응하고 이름을 붙여준다. 그 신호를 알아봐 주고 머물러서 받아주면 다음 신호로 바뀔 것이다.

바뀐 신호에 대해 성급하게 지나치지 말고 새로운 감정 신호를 존중하면 감정에 휘둘리지 않는다. 감정에 휘둘리지 않으면서 대화하는 방법 세 가지를 안내한다.

① 감정 언어, 정서 언어로 표현한다

감정을 알아봐 주고 머물러 주려면 감정을 언어로 표현해야 한다. 말로 하는 언어화는 감정을 누그러뜨리는 효과가 있다.

② 질문한다

나 자신과 상대에 관해 감정 신호가 오면 이 감정이 무엇인지, 내게 어떤 의미인지 질문한다. 상황에 초점을 맞추게 되어 극단적인 말을 피해 감정에 휘둘리지 않을 수 있다. 나아가 상대의 감정을 해석하고 읽어낼 수 있다.

③ 감정적인 그 말과 나를 분리한다

거리를 둔다. 분리하면 부정적인 감정으로 확대되는 것을 막을 수 있다. 상대가 부정적인 말을 할 때 거리를 두면 감정을 분리하여 객관적으로 바라보는 힘이 생긴다.

감정에 휘둘리지 않고 말하기까지 적잖은 시간과 훈련이 필요하다. 이러한 변화에 관심을 두는 사람은 이미 훈련을 시작한 것이다. 감정에 휘말리지 않기 위해 노력하다가 실패할 수 있다. 변화는 한 번에 되지 않기 때문이다. 실패가 두렵거나 감정에 휘말린 자기 모습을 마주하기 싫어 아예 감정을 피해버리기도 한다. 그렇다면 감정을 돌보지 않고 회피한다고 해서 감정에 휘둘리지 않을 수 있을까? 이성적으로 적절한 해결 방법일까?

김권수는 『감정을 대하는 뇌의 비밀』이란 글에서 "뇌는 정서를 담당하는 편도체가 기억과 판단, 의사결정의 인지적 능력에 영향을 끼치는 구조로 되어있다. 정서 담당의 뇌는 이성 담당의 뇌인 피질로 연결되는 회로가 3배 정도 많다. 이는 정서를 담당하는 뇌가 이성을 담당하는 뇌 기능을 조절한다는 뜻"이라고 했다. 평소에 정서적 자극에 즉각 반응하는 이유이기도 하다.

그는 원숭이와 쥐에게 수술을 통해 편도체를 제거한 후 실험한 결과에 대해 말했다. 원숭이 앞에 먹이를 두고 달려드는 시간을 실험하였고 평소와의 차이가 두드러짐을 알 수 있었다.

먹이 옆에 장난감 고무 뱀을 두면 평소 40초 정도 멈추어 살피다가 안전하다 싶을 때 달려들었다. 그런데 편도체를 제거한 원숭이는 위험을 느끼지 못하고 먹이를 향해 달려들었다. 쥐도 마찬가지였다. 쥐는 자고 있던 고양이의 귀를 물어뜯기도 했다. 사람의 편도체도 손상되면 상식을 벗어나 행동하게 되므로 일상에 어려움을 겪게 된다.

이 실험을 통해 뇌에서 정서를 담당하는 편도체가 판단, 기억, 의사결정을 담당하는 뇌의 기능에 큰 영향을 주고 있음을 알 수 있다. 이는 뇌가 정서를 담당하는 편도체의 변화에 가장 먼저 반응하여 처리하는 이유이다. 그는 뇌가 감정적으로 안전하다고 느껴야 인지를 담당하는 부위가 작동한다는 것이다. 정서가 작동하지 않으면 적절한 판단과 의사결정의 이성적인 언행이 어렵다.

정서적 신호가 느껴지면 그에 따른 감정을 다루어 인지적 영역도 적절하게 표현하고 말할 수 있도록 하자. 정서적 신호를 무시하거나 억누르면 감정이 쌓인다. 막상 표현하려 할 때 감정이 범람하거나 휘둘려 부적절하게 표현한다. 감정에 휘둘리지 않으면서 말하는 세 가지 방법이다.

① 감정 언어로 표현한다

상대와의 대화에서 드는 생각을 감정으로 바꿔서 말하는 방법이다. 다른 사람의 시선이 두려워 감정을 표현하지 않고 억제하는 문화가 있다. 특히 우리나라에서는 어려서부터 슬픈 감정을 표현하면 약하게 보인다며 억압해왔다. 이러한 습관은 자기 정서 신호를 알아차리지 못하게 하고 감정 표현도 무뎌지게 한다. 억눌린 감정은 몸에도 부정적인 영향을 끼친다. 점점 감각이 무뎌지는 악순환이다.

미국 로스앤젤레스 캘리포니아대(UCLA) 심리학과 매튜 리버맨(Mattew D. Lieberman) 교수는 분노, 화, 슬픔의 감정을 말로 표현하면 누그러진다고 했다. 뇌에서 편도체는 정서와 감정을 담당한다. 감정을 말로 표현하면 활발했던 편도체의 활동이 감소했다. 반면 생각과 절제를 담당하는 우측 복외측 전전두피질((right ventrolateral prefrontal cortex :RVLP-FC)의 활동이 증가한다는 연구 결과였다.°

감정을 알아봐 주고 머물러 주어 말로 표현하면 감정이 누그러진다. 감정에 휘둘리지 않고 적절하게 처리할 수 있다. 또한, 상대의 마음을 다치지 않게 하면서 나의 감정을 고스란히 전하려면 요청의 말투로 묘사한다. 요청의 말투는 부탁의 형식을 지녀서 상대의 경계심을 낮춘다.

서로 다른 의견일 때 자기 생각을 말하면 논리를 앞세우게 된다. 듣는 사람도 어떻게 하면 자기 생각을 논리적으로 말할까 궁리하게 되므로 서로의 생각이 팽팽해진다. 생각을 감정으로 바꾸어 묘사하는 습관을 들이면 감정을 묘사하는 말은 상대의 마음을 살피게 된다. 사례를 보자.

엄마: 방이 이게 뭐니? 옷장을 뒤집고, 얼른 안 치워?

딸: 지갑을 찾느라 어쩔 수 없었다고요. 나도 속상한데 엄마는 알지
　　도 못하면서….

감정을 말로 묘사한다는 것은 감정적으로 말하는 것과 다르다. 모녀는 감정적으로 말하여 점점 더 감정에 휘둘렸다. 적절한 표현으로 바꿔 보자.

▸엄마: 우리 딸! 엄마 모르게 어디로 이사 가나? 마음이 싱숭생숭
　　하네.

딸: 방이 엉망이죠? 지갑 찾느라 다 어지럽혀서 속상해요. 셔츠 정
　　리만 잠깐 도와주실래요?

② 감정을 빼고 상황을 묘사한다

감정을 빼고 말한다는 것은 일단 상황에 초점을 두어 상황을 묘사하는 것이다. 상황을 묘사하면 극단적인 말을 피하고 감정에 휘둘리지 않

을 수 있다. 상대의 감정을 읽어주고 이 감정이 무엇인지 이름을 붙여 보고 어떤 의미인지 스스로 질문해 본다. 그 상황 가운데 상대에게 초점을 맞추면 판단하게 되고 비난하게 된다. 옳고 그름의 초점에서 상황 자체로 시선을 옮겨 일단 상황을 말한다. 격하게 느껴지는 감정을 빼고 자신이 느낀 감정을 말한다. 그러면 부정적인 감정으로 확대되는 것을 피할 수 있다.

"수진아 간식 먹고 나서 설거지통에 넣어야 한다고 백만 번을 얘기하 지 않았니?"

"왜 맨날 시켜? 엄마가 좀 넣어 주면 안 돼?"

엄마의 극단적인 표현은 아무리 지당한 말이라도 반감을 일으킨다. 여러 번 실수했음을 인정할 수 있는 상황이더라도 화가 난다. 엄마가 딸에게 초점을 맞추어 판단하게 되었고 옳고 그름의 기준으로 비난했기 때문이다. 엄마 자신의 감정을 실어 말했기 때문이다.

▶"수진아, 간식 먹었구나. 거실에 그대로 있네. 다 먹었으면 어떻게 해야 할까?"

"아 참, 깜박했어요. 설거지통에 넣을게요."

상황에 초점을 맞추어 묘사하니 극단적인 말을 피하고 감정을 격하게 표현하지 않을 수 있었다. 감정을 빼고 하는 질문은 감정을 부정적인 방향으로 확장하지 않게 한다. 감정에 휘둘리지 않고 말하게 한다.

③ 감정적인 말에서 나를 분리한다

누군가에게 부정당했을 때 적당한 거리를 둔다. 상대의 부정적인 의견에서 나를 분리하면 자연스럽게 상대를 밀어내고 적대감으로 번지지 않는다. 부서 회의에서 정성껏 준비한 자료를 발표하는 상황의 대화 사례이다.

"이 대리, 제대로 준비한 거 맞나? 무슨 말인지 전혀 모르겠군."

"(왜 저분은 저렇게 말할까?) 부장님이 한다면 뭐가 다를 줄 아세요?"

▶ "(그건 당신 생각이에요) 물론, 그렇게 생각할 수도 있지만~."

감정 신호가 올 때 감정 언어로 표현하고 상황을 말하며 요청하는 말투로 감정을 전달한다. 부정적이고 감정적인 말에서 나를 분리하여 거리를 두면 감정에 휘둘리지 않고 말할 수 있다.

실천 팁 감정에 휘둘리지 않고 말하기

감정에 휘둘리는 경직된 말	감정에 휘둘리지 않는 유연한 말
누군 노는 줄 아세요?	저도 속상하네요. 좀 도와줄래요?
내가 백만 번 얘기하지 않았니?	우유 마셨으면 어떻게 해야 할까?
저분은 왜 저러지?	그렇군. 그건 당신 생각이야.

화를
다루며 말하기

　화를 내는 경우를 살펴보면 다양한 이유가 있겠지만 크게 세 가지이다. 이해하기 어려운 상황에 관해, 다른 사람 때문에, 그리고 감정이 요동치는 자신에 관해 화를 낸다. 화를 내는 사람의 욕구를 들여다보면 '내 마음을 왜 그렇게 몰라줘?'이다. 분노라는 형식으로 '나를 알아줘'라고 말하는 것이다.

　어떤 상황이 벌어졌을 때 화가 나면 다른 사람이 잘못한 것을 먼저 떠올린다. 바꿔 말하면 그 상황에서 자신이 원하는 바가 있는데 알아주지 않았기 때문이다. 즉, 화가 나는 것은 상황과 다른 사람 때문이 아니라 자기 자신의 욕구가 원인이다.

　다른 사람이 화를 낼 때, 그 사람의 욕구를 들여다보며 말하자. 물론 상대의 말과 행동에 감정이 묻어 있어 다가가기 어려울 수 있다. 그 순간 상대 내면의 욕구는 '내 마음 좀 알아줘~'라는 것을 기억하자. 다른 이의 욕구를 아는 것은 상대에게 집중하고 귀 기울일 때 가능하다.

"화내는 당신도 힘들지? 당신 이야기 들어 줄게. 이 순간은 당신이 가장 소중해."

상대에게 집중함으로써 상대가 감정의 홍수에서 빠져 나와 자신의 존재를 소중히 여길 수 있게 한다. 상대의 목소리는 잦아들고 흥분했던 감정이 이성을 되찾는 모습을 보게 될 것이다. 적어도 상대의 감정을 인정해 주자. 이는 화로 감추어진 욕구를 알아주는 방법이다.

누군가 화를 낼 때 어떻게 반응하면 싸우지 않고 소통할 수 있을까?

"연고 어디 있어? 왜 맨날 제자리에 두지 않니? 정말 골칫거리야."

"알지도 못하면서 왜 화를 내? 난 쓰지 않았어. 진짜 기분 나빠."

화내는 말을 들을 때 흔히 보는 대화이다. 여기서 듣는 사람은 문제의 핵심을 놓쳤다. 화가 난 사람과 말할 때 기억할 것은 상대방의 분노가 핵심이라는 거다. 그가 말하는 내용 자체가 문제라기보다 그의 화가 난 상태가 문제이기에 같이 화로 맞설 필요가 없다. 옆으로 비켜서서 상대의 화를 다루는 말하기 방법을 살펴보기로 한다.

① 배려하는 행동으로 대화를 준비한다

"화가 많이 났구나. 일단 이리 앉아 봐. 어휴 땀 좀 봐. 여기 휴지로 닦자."

말을 시작하기 전 간단한 행동으로 상대에게 다가간다. 아무 상관 없는듯한 행동의 권유를 상대가 따르는 동안 그의 화는 다소 사그라들 수 있다. 오히려 심리적인 환기가 된다. 작은 휴지 한 장의 건넴은 배려받고 존중받는 느낌을 받는다. 상대의 화가 진정되도록 돕는다.

② 상대를 인정하며 대화한다

"네가 이렇게 화가 난 걸 보면 큰일인가 봐. 어디 많이 다친 거야?"

흥분이 다소 가라앉은 상대에게 먼저 화난 감정을 읽어준다. 언어로 표현해 준다. 중요한 문제는 상대가 말할 내용이라기보다 상대의 화가 난 상태이기 때문이다. 상대를 인정하는 이런 말은 마음을 열고 말하도록 하며 말하는 자체로도 감정이 점차 풀릴 수 있다. 초점은 상대가 풀어놓는 문제를 해결하는 것이 아니라 범람하는 감정에서 벗어나도록 돕는 것이다. 있었던 일의 세부 상황과 자기감정에 대해 말로 표현하면서 스스로 정리한다.

화가 확장되지 않는 방법을 기억하고 실천하자. 화가 나면 감정이 상승하여 서로의 말을 듣지 않고 잘라버린다. 화가 나게 된 애초의 이유는 사라지고 서로의 말을 끊으며 듣지 않는 것에 대해 화가 난다. 무전기 대화가 필요하다. 무전기로 소통할 때 상대의 말이 끝나기 전에는 말할 수 없다. 말해 봤자 상대가 들을 수 없기에 소용없다. 상대의 말을 다 듣고 나서 버튼 작동 후 자신의 말을 전할 수 있다.

"알았다, 오버!"

우리 모두 무전기 대화가 절실하다.

자신의 화를 다루며 말하는 방법을 살펴보자. 앞서 말했듯이 화가 나는 원인은 다른 사람의 행동이나 상황 때문이라기보다 그때의 자기 욕구 때문이다. 다른 사람의 말과 행동은 자극제 역할일 뿐이다. 대부분 화난 감정의 내면에는 소외된 욕구가 들어있다. 《비폭력 대화》에서 말하는 화를 온전히 표현하는 방법 네 단계를 소개한다.

① 멈추고 분리한다

다른 사람을 향한 분노와 비난하고 싶은 말을 멈춘다. 자기 화의 원인과 다른 사람을 분리한다. 화의 원인에 대한 잘못된 확신은 폭력으로 이어지기 때문이다. 자기 고통이 다른 사람 때문이라고 확신하면 상대는 벌을 받아야 마땅하다고 생각한다. 이것은 폭력으로 이어지고 상대는 위협을 받는다. 상대가 나쁘다고 여기며 판단하는 방식으로 자기 욕구를 표현하면 상대는 아랑곳하지 않을 것이다.

"저 사람 때문에 난 화가 났어. 저 사람이 나를 화나게 했어." (비난의 말)

▶ "나는 존중을 원해. 그래서 화가 나." (욕구 표현의 말)

② 조용히 화난 원인을 찾는다

왜 화가 나게 되었는지 생각하며 둘러본다. 상황에 따라 흘러가는 자기의 생각을 알아차린다.

"어떻게 한턱내는 자리에 나만 초대하지 않을 수 있지? 참 불쾌해. 정말 배려 없는 사람이야."

③ 생각 이면의 욕구와 연결한다

어떤 상황이나 사람의 말로 인해 화가 났다는 생각을 멈추고 빠져나온다. 그것은 화가 나게 한 촉매 역할을 했을 뿐이다. 원인이라 생각되는 생각 이면의 자기 욕구와 연결한다. 내게 충족되기 원하는 욕구는 무엇일까?

"내게 충족되었으면 하는 욕구는 배려와 소통이다."

④ 말한다. 말을 통해 자신의 화를 온전히 표현한다

4단계까지 오는 동안 화나는 감정은 욕구와 연결되어 좀 달라져 있다. "이런 매너와 배려 없는 인간 같으니."라는 말 대신 다음과 같이 말한다.

"네가 한턱내는 자리에 나만 초대하지 않았다는 것을 전해 들었을 때 서운하고 속상했어. 함께 할 수 없는 이유라든가 진행된 일에 대해 네가 직접 표현해 줬더라면 배려받는 느낌이었을 거야. 난 서로 존중하는 소통을 했으면 해. 내 말을 들으니 어떤지 말해 줄 수 있니?"

이처럼 NVC(비폭력 대화)를 활용하여 훈련하면 화가 나는 상황에서 화를 온전히 표현할 수 있을 것이다. 중요한 것은 화나 분노가 '해야만 한다(must)'라는 왜곡된 신념에서 시작한다는 것이다. 자신이 당연하다고 생각하는 것, 마땅하다고 여기는 자기 신념을 기록한다. 이는 화가 나게 하는 분노 제조기이다. 화를 다루며 온전히 말하는 것에 대한 방해물이다. 이러한 왜곡된 자기 신념과 확신을 알고 진정 원하는 것은 무엇인지 자신에게 질문한다. 충족되지 못한 욕구는 어떤 것이 있는지 알 수 있을 것이다. 분노와 남 탓을 자기 욕구로 전환하는 핵심적인 방법이다. 화를 다루며 말하면 걸림돌이었던 감정이 오히려 관계를 돈독하게 만드는 원료가 될 것이다.

실천팁 화를 다루며 말하기

화 이면의 욕구를 읽지 못한 말	화 이면에 욕구를 읽은 말
상대가 화를 낼 때 : 욕구 = 나를 알아줘	
알지도 못하면서 왜 화를 내?	화가 많이 났구나. 이리 앉아 봐. 많이 다친 거야?
진짜 기분 나빠. 상대를 말자.	화내는 너도 힘들지? 네 얘기 들어줄게 지금 네가 가장 소중해
자신이 화 날 때 : 욕구 = 배려 · 존중 · 소통	
저 사람이 나를 화나게 했어.	내게 충족되지 못한 욕구는 존중이야. 나는 존중이 필요하기에 화가 나.
네 행동은 진짜 불쾌해.	내가 원하는 건 배려가 오가는 소통이야. 이 말을 들으니 넌 어떤지 말해줄래?

나를 성장시키는 다섯 가지 말:
신뢰·칭찬·감사·질문·용서

성장, 성숙이란 단어에 대해 사람들은 호의적이다.

"민지, 너 오랜만에 만나 얘기해보니 참 많이 성숙해졌구나. 많이 변했다."

"진숙아, 네 딸이 시집가더니 성장했네. 철부지였는데 엄마 생각하는 마음이 대단하다."

이런 말을 듣는다면 좋아하지 않을 사람이 없다.

성장하려면 '변화'가 필수이다. 성장은 환영하면서 변화는 쉽게 받아들이지 않는다. 변화가 달갑지 않다. 그 과정이 불편하고 불안을 동반하니 힘들기 때문이다. 만약, 자기 안에 성장과 성숙을 위한 변화의 씨앗이 이미 있다면 어떨까? 좀 더 변화가 쉽게 와 닿지 않을까? 행복하게도 이건 사실이다.

나와 당신은 이미 변화의 씨앗을 품고 있다. 씨앗이 싹트려면 스스로 변화하도록 촉진하는 성장의 말이 필요하다. 변화의 씨앗에 자양분이 되는 성장의 말을 자신과 상대에게 흠뻑 적셔주자. 그 말은 이미 내재하고 있던 가능성과 만나 성장, 성숙이라는 열매의 나무로 뻗어간다.

스스로 변화시키는 데 필요한 성장의 말 다섯 가지가 있다.

① 신뢰의 말

누군가를 믿어준다는 것은 스스로 자기 몫을 발휘하여 성장에 이르도록 하는 최적의 말이다. 힘든 상황에서는 환경과 주변 사람에게 점점 더 신경 쓰며 그 힘든 일에 매몰되기 쉽다. 그럴수록 점점 지친다. 원망은 타인에서 자신에게로 옮겨져 앞으로 나아갈 힘이 사라진다. 그럴 때 스스로 또는 누군가 믿어주는 말을 하면 변화의 씨앗은 싹이 튼다.

"처음부터 무리였나 봐. 너무 힘이 들어. 회사든 학업이든 포기해야 할까 봐."

"시작이 반이라고 너 대학원 시작한 지 벌써 일 년이 지났어. 너니까 이렇게 할 수 있는 거야. 직장 일에, 육아에, 박사 과정까지 웬만해선 엄두도 못 내지. 너니까 해내고 있어 친구야."

상황만 바라보며 힘듦에 파묻혀 더 정체되어 가고 있던 이에게 힘이 되는 성장의 말이다. "너니까."는 자신을 되돌아보며 초심을 잃지 않고 앞으로 나아가 자신을 개척하게 하는 말이다. 자신의 근성을 믿어주는 신뢰의 말은 놓쳤던 자기 확신을 다시금 붙잡게 한다. 스스로 신뢰를 되찾는 계기를 만든다.

② 칭찬의 말

 칭찬은 사람의 변화를 돕는 성장의 말이다. 긍정적인 영향을 끼쳐 칭찬받은 태도와 행동을 지속하고 확장하게 하는 힘이다.

 필리파 랠리(Phillippa Lally) 교수의 연구에 의하면 새로운 행동이 습관으로 자리 잡기 위해 약 66일 걸린다고 한다. 습관이 되기 전까지는 그 행동을 강화하는 보상이 있어야 더 지속할 수 있다고 강조했다. 칭찬의 행동을 하게 하는 강력한 강화제, 즉 보상이다.

 "여보, 다 됐어. 저녁 먹자."

 "와, 너무 맛있다!"

 "짜지 않지? 그냥 먹어도 괜찮도록 간했어."

 "응, 딱 좋아. 야채를 어떻게 이렇게 적당히 볶았어?! 식감이 최고야! 여태까지 먹어본 것 중, 최고로 맛있어!"

 "정말! 다음에는 해물을 첨가하여 해봐야겠어! 점점 새로운 레시피가 떠오르네."

 칭찬을 들으면 자부심이 생긴다. 긴가민가했던 부분에 대한 긍정적인 확신이 들며 자신감이 상승한다. 칭찬받을 때의 느낌이 각인되어 그때를 자꾸 재연하고 싶어진다. 남편은 요리에 서툰 나에게 맛있다는 칭찬을 무한대로 해주곤 했다. 그러면 진짜 내가 잘한다는 믿음이 생기고 자신감이 붙어 음식을 더 만들어 대접하고 싶다. 이렇게 남편의 칭찬은 아내의 요리를 부른다. 칭찬은 스스로 행동하기를 좋아하게 만든다. 칭찬을 통해 행동의 질과 깊이가 변화하고 성장한다.

③ 감사의 말

스스로 변화시키는 데 필요한 성장의 말 중, 감사는 단연 으뜸이다. 감사의 말은 자신의 뇌를 긍정적으로 다시 작동시키는 가장 쉬우면서도 힘센 무기다.

"감사합니다."

한 마디로 스쳐 지나칠 수 있는 작은 일들이 진짜 감사함으로 다가온다. 감사하는 태도는 삶에 대한 깊은 만족으로 이어져 성숙으로의 변화를 이끈다.

캘리포니아 주립대 로버트 애먼스 교수는 사람들에게 감사 일기를 쓰도록 주문했다. 한 주간의 삶에 대해 다섯 가지의 감사를 두 달 동안 기록하게 했다. 그 결과 감사 일기를 쓴 사람들의 행복도는 약 25% 상승했다. 삶의 긍정성이 증가했다. 몸의 건강이 호전되는 결과 또한 볼 수 있었다.

감사는 뇌의 회로를 긍정으로 채우고 마음과 몸의 건강을 이루며 삶에 대한 만족도를 높인다. 스스로 변하게 하는 성장 말투의 초석이다.

"감사합니다! 아저씨."

사무실로 물건을 배달해 주시는 택배 아저씨에게 큰 소리로 말한다.

"선생님, 늘 감사드려요!"

회사에 재능기부 하러 오시는 강사님에게 반복해서 늘 말한다.

어쩌면 응당 그들이 할 일을 할 뿐이다. 자기 일이며 하고 싶어서 오시는 경우이기에 엄밀히 말하면 당연한 일이다. 당연한 일이라고 생각하고 형식적으로 감사 인사를 하거나 표현하지 않는다면 내 뇌는 점점 "당연한 일일 뿐이야, 귀찮아."라는 말대로 흘러간다. 그리 감사할 일은 아니라고 여긴다. 반면 큰소리로 감사의 말을 하면 할수록 그들의 수고로움이 피부에 와 닿는다. 사람에 관해 관심이 더욱 짙어져 진짜 감사한 마음이 우러난다. 자신의 긍정성도 강화되며 관계도 돈독해진다.

④ 질문과 이해의 말

어떤 상황이나 상대의 말에 이해하기 어려운 경우 질문을 던지고 하나씩 살펴본다. 자신을 되돌아보는 질문은 상황과 상대를 이해하는 데에 도움이 되는 성장의 말이다.

"나라면 어떻게 할까?"

"나라면 어땠을까?"

"나는 상대 말에 얼마나 귀 기울여 듣는가?"

"저 사람 왜 저렇게 화가 났을까? 무시한다는 느낌을 받았나 봐. 논리적으로 설명하지 않는 게 낫겠어."

"아까 A씨와 대화할 때 갑자기 답답해졌어. 내 말을 가로막는 이유가 뭘까? 자기주장에 반대한다고 느껴 불안한 듯해. 자기 말을 우선하는 사람이니 일단 최대한 들어주자."

질문으로 대화한 내용을 살펴보고 스스로 분석하면 상대를 이해하는 폭이 넓어진다. 뾰족한 답을 얻지 못해도 괜찮다. 잠깐 생각하는 덕분에 갈등을 부추길 수 있는 말을 하지 않게 된다. 그런 시간을 벌었다는 자체가 가치 있다. 동시에 자기 말도 점검할 수 있어 다음에 비슷한 상황에서 바뀐 말로 대화할 수 있다.

언젠가 다이어트를 위해 밤에 먹지 않는 환경을 만들었으면 좋겠다고 남편에게 도움을 청했다. 워낙 잘 먹어서 남편이 먹으면 꼭 같이 먹기 때문이다. 어느 날 내가 가장 좋아하는 간식 중 하나인 버터를 듬뿍 바른 토스트를 자정이 다 되어 따라 먹었다. 내가 먹어놓고 남편 탓을 하니 뾰로통 입이 나와 마음이 멀리 가 있었다.

"여보, 지금 기분 어때? 아까 내가 그렇게 말해서 별로야?"

남편이 잠시 침묵하다가 대답했다.

"어? 어. 좋진 않지."

"미안해. 많이 도와주었는데, 자기한테 뭐라고 할 생각이 아니었어."

"맛있게 실컷 먹어놓고 나한테 그래?"

"그러게. 그런 뜻으로 말한 건 아니었는데 자기 탓하는 말로 들렸지? 아까 한 말에 마음 상했을 거 같아 물어보는 거야. 나 자신이 마음에 안 들어서 속상한 마음이 그렇게 표현 되었나 봐. 미안해."

"자제 못 하고 과식해서 속상하다고 그냥 말하면 좋겠어. 그러면 오히려 내가 미안하고 더 도울 수 있을 듯해."

이렇듯 먼저 다가가 대화할 수 있는 질문을 던지면 나와 상대의 감정과 입장을 이해할 수 있다. '난 이런 뜻이었어. 실제 내 마음은 이렇다.'라고 말하면 이해하기가 부드럽다. 마음을 알아주는 말을 충분히 표현하는 시간을 미루지 말고 먼저 마련하자. 듣고 서로 인정할 부분은 인정하고, 원하는 것을 말하여 해결 방안을 함께 찾으면 된다.

⑤ 용서와 화해의 말

용서의 말은 스스로 크게 변화 받는 성장의 촉매제이다. 용서는 생각의 발상을 바꾼다. 다 이해할 수 없더라도 자신에게 해를 끼쳐 잘못한 상대에게 겨누던 화살 끝을 거두는 거다. 그때 모든 분노와 되갚고 싶은 마음의 묶임에서 놓임 받는다. 에너지의 흐름이 바뀌고 그 자리에 평온이 채워진다. 용서는 시각을 넓혀 나 자신을 되돌아볼 때 자연스레 찾아온다. 나의 말과 행동을 점검하면 상대 행동의 이면이 보인다.

"내가 이렇게 했을 때 상대는 그래서 그랬던 건가?"

미처 보지 못하고 놓쳤던 것을 알게 한다. 용서하지 못해 한 곳에만 집착하던 초점이 옮겨져 관계성으로 바라보는 것이 용서의 시작이다. 돋보기를 내려놓고 망원경으로 보는 것이다.

《적을 만들지 않는 대화법》의 저자 샘 혼은 오해로 냉담한 관계가 있다면 먼저 해야 할 일이 있다고 한다. '나 자신이 더 옳다'는 마음을 뛰어넘는 거라고 했다. 옳고 그름을 따지느라 과거에 묶이지 말자. 먼저 연락을 취하면 현재를 살 수 있다.

"내가 시작한 게 아닌데 왜 내가 먼저 화해해?"

이런 의문이 들 수도 있다. 그러나 용기를 낸다면 스콧 펙(M. Scott Peck) 박사의 말처럼 '당신이 화해와 용서의 출발'이 될 수 있다. 어긋남에 대한 잘잘못과 출발점을 곱씹지 말자. 따지지 말자. 자존심을 지키는 건 어떤 것인지, 관계와 시비를 가려내는 것 중 어떤 것이 더 중요한지 결정해야 한다.

스스로 변화시키는 성장의 말을 지속하다가도 실패할 수 있다. 상대가 민감한 부분을 공격해 온다면 세련된 언어로 둔갑한 날카로운 말로 KO시키고 싶은 충동이 일기도 한다. 억울한 건 나라는 생각에 말로 감정을 쏟아 부어 후련해지고 싶은 욕구가 들기도 한다. 그러나 말할 때가 아니라는 생각에 지나쳐서 시간을 보내는 사이 감정이 누그러질 때도 있다. 시간이 지났기에 더 이상 내게 별거 아닌 것으로 여겨져 전혀 다른 결과를 맺기도 한다. 상대를 이해하면 대하는 태도가 달라진다. 서운함도 별로 없다. 애써 노력하지 않았는데 서로 편안한 사이로 발전할 수 있다.

　그러므로 지속적인 노력 중에 실패하더라도 그것은 진정한 실패가 아니다. 당시에는 그냥 참고 지나가서 답답했지만, 시간이 지나면 의외의 긍정 결과가 나타날 수 있기 때문이다. 전화위복인 셈이다. 즉 순간 감정과 말을 한꺼번에 쏟아내지 않고 탐색하며 넘기니 변화되어 있더라는 것이다. 스스로 변화시키는 성장의 말 다섯가지를 정리해 본다. 나와 당신 그리고 우리 관계가 변화되는 성장의 말을 사용하자.

실천 팁 자신을 변화시키는 성장의 말과 변화를 위한 말

성장의 말	내용	변화 결과
1. **신뢰의 말**	너니까	자기 확신. 자존감 UP
2. **칭찬의 말**	당신 최고야!	행동 강화. 자신감 UP
3. **감사의 말**	늘 감사합니다!	긍정성. 삶의 만족도 UP
4. **질문과 이해의 말**	나라면? 지금 기분 어때?	나와 상대를 이해. 문제 해결력 UP
5. **용서와 화해의 말**	그럴 수도 있겠다	평온함. 긍정적 관계성 UP

Chapter 4-5

가슴으로 하는 말은
가슴의 온도를 변화시킨다

누군가의 말이 어떤 이에게는 평범한 말이고 어떤 이에게는 온 가슴을 채운다. 가슴에 채워진 말은 그 사람의 평생을 좌우하기도 한다. 지나가던 길에 쓰여 있는 문구 하나가 잊히지 않아 누군가를 회심(回心)하게 만드는 동력이 되기도 한다.

이렇게 말은 본질을 불러일으킨다. 삶을 지탱하는 내면의 자기 지침을 되찾고 변화하기도 한다. 말 한마디에 버틸 수 있는 내적 힘이 생기게 하고, 나락으로 떨어지게 하여 아프게 하기도 한다. 누군가를 살리는 말을 한다는 건 참으로 가치 있는 일이다.

내면이 성숙한 사람은 언제라도 조화로운 말을 적절한 때에 한다. 원만한 대화는 사람을 기분 좋게 하고, 어느 장소에서나 만남을 막힘없이 이끈다.

이는 상대에게 오래도록 남아 가슴의 온도를 변화시키는 말과는 다르다. 상대에게 감동을 주고 각인시키는 말을 어떻게 할 수 있을까? 특별한 방법이 있을까? 대화 기술을 익혀 능수능란하게 말하면 될까? 아니다. 순발력이 뛰어나서 촌철살인(寸鐵殺人)의 말을 하면 될까? 아니다. 다른 사람이 하는 멋진 말을 기억했다가 따라 해도 내 말이 아니니 감동될 리 없다. 가슴으로 하는 말, 즉 진정성이 담긴 말은 어떻게 할 수 있을까?

늘 그 사람을 향한 마음이 가득할 때 드러난다. 그 사람이 처한 상황을 이해하고, 그 사람의 입장에서 깊이 느꼈을 때 가능하다. 그 말은 평범하다. 특별한 내용이거나 금테를 두른 미사여구로 꾸며진 말이 아니다. 울림이 있는 말은 지극히 단순하고 평범하다. 온전히 그 사람으로 마음이 가득 채워져 있을 뿐이다.

그 마음이 말의 옷을 입고 전달될 때 상대는 오래도록 생생하게 기억한다. 말은 단순하고 평범하지만, 상대를 위하는 마음이 가득 담겨 뿌리는 견고하다. 내 마음의 뿌리에서 자라나 진정성이라는 열매가 된 말은 가슴에서 우러나온다. 가슴으로 하는 말은 상대에게 울림을 주고 가슴의 온도를 변화시킨다.

브런치에 『MYSC 김정태 대표 – 내면의 침묵을 배우고 다스리는 공간』이라는 글이 있다.˙ 엠와이소셜컴퍼니(MYSC) 대표이자 《스토리가 스펙을 이긴다》의 저자이기도 한 김정태 대표의 이야기이다. 어릴 적 자신에 대한 부모님의 신뢰로 삶의 방향이 어떻게 전환되었는지에 관한 내용이었다.

그는 어린 시절 반항적인 기질이 많아 꾸지람을 자주 들었다. 때로는 문구점에서 원하는 것을 슬쩍 갖고 나오기도 했다. 부모님 친구 집에서 지갑에 손을 대기도 했다. 그에게는 전교 1등을 하는 누나가 있었고 그녀와 비교하면서 열등감을 가졌다. 그는 자신에게 말했다.

"난 사회에서 원하는 사람이 되지 못해."

중학교 2학년 어느 날, 학교 공금에 손을 댔다. 부모님을 모시고 오라는 선생님의 말씀을 부모님께 차마 전하지 못한 채 등교했다. 아버지가 학교에 오셨고, 자신을 찾는다는 말을 친구에게 전해 들었다. 엄청 큰 잘못을 저질렀다는 생각으로 먹살 잡힐 것을 예상했다. 마주한 아버지는 한마디 말없이 흰 봉투 하나를 꺼내 건네시고 가셨다. 자신이 횡령했던 금액의 돈이 들어있었다. 그날 밤, 늦게까지 배회하다가 집에 들어가자 아버지와 어머니께서 그에게 말씀하셨다.

"힘들었지? 피곤하겠다. 빨리 씻고 자라."

부모님은 돈을 훔친 아들에게 소리치며 혼내지 않으셨다. 이유를 묻거나 잘못에 대해 언급하지도 않았고 훈계도 없었다. 때리기는커녕 그것에 대한 말은 전혀 없었다. 그저 아이가 혼자서 얼마나 힘들었을지, 혼자 얼마나 마음을 졸였을지 헤아려 주시는 말이었다. 헤아려 주시며 당신들의 잘못이라고 자책하고 가슴 아파하는 마음을 전하고 계셨다. 그 말은 아들을 향한 사랑이며 가슴으로 하는 말이다. 부모님의 마음과 사랑이 고스란히 느껴진 말은 진정성이 순도 100%이기에 울림을 남겼다. 그의 마음이 순화하는 시작점이 된 것이다. 태도가 바뀌어 사회에 대해 역행하지 않는 삶으로 변하게 된 계기였다.

대학원을 졸업한 후, 예술 심리치료사로 일하면서 잠시 슬럼프에 빠졌을 때의 일이다. 내담자로부터 에너지를 받고 느끼는 만족감이 어느새 사라지고 있었다. 몸이 점점 힘들어지니 불평이 잦아졌다. 그러던 중, 예전에 일하던 회사로부터 함께 일하자는 제안이 들어왔다.

"어떡하지? 다 그만둘까? 예전에 하던 일을 다시 그냥 할까? 너무 힘들어서 그러고 싶다."

예전 일은 좀 더 쉬우며 일과가 안정적이고 보수가 더 좋았다. 전혀 다른 에너지를 쓰는 상담 일은 정신의 피로도가 높았다. 전문가로서의 현재를 유지하고 업그레이드하기 위해 끝없이 공부하는데 시간과 노력과 돈을 투자해야 했다. 점점 기운이 빠졌고 인내의 한계가 느껴졌다.

큰 결정을 할 때 나는 표를 만들어 A를 선택해야 할 이유와 택하지 않을 이유를 적는다. B를 선택할 이유와 택하지 않을 이유, 택했을 때 각각의 장단점을 쓴다. 이처럼 깊은 고민으로 머리가 복잡할 때 주로 쓰는 방법으로도 확신이 서지 않았다. 식사 중 심각한 나를 보시고 물으시는 부모님께 고민을 털어놓게 되었다. 사회적인 기준으로 안정된 조건의 제안을 포기하기란 쉽지 않을 나의 고민에 공감해 주셨다. 며칠 후 아빠가 말씀하셨다.

"결정했니?"

"이미 넌 알고 있어, 정기야."

"네가 좋아하는 거 해. 너 하고 싶은 거 해."

아빠의 이 한 마디가 몇 주 동안 고심하던 내 마음의 요동침을 잠재웠다. 거대한 위로의 파도가 되어준 말이었다. 어떤 조건 없이 존재 자체만으로 나를 인정해 주고 존중받은 느낌이었다. 내 관점에서 생각해 주시고 내 감정과 고민을 있는 그대로 받아준 말이었기 때문이다. 그동안의 상담가로서의 고충과 수고를 보상받을 수 있었던 수용 받는 말이었다. 진정성이 듬뿍 담긴 말의 모양은 단순하고 평범했다. 가슴으로 하신 말은 깊다. 그 말로 그냥 아빠의 존재를 느낄 수 있었고 든든했다.

상대를 진정으로 생각해 주고 아끼는 마음으로 하는 말은 듣는 사람이 존재 자체로 존중받는다. 동시에 말한 사람도 듣는 사람에게 존재 자체로 큰 울림이 된다. 상대를 위하는 마음의 말은 삶을 이끄는 내면의 자기 지침을 되찾게 한다. 평범해 보이는 그 말에 마음의 방황을 마치고 제자리를 찾게 한다.

가슴으로 하는 말은 상대 가슴의 온도를 변화시킨다. 두고두고 생생하게 기억하며 삶의 고비마다 길잡이가 된다.

상대의 시선으로 느끼고 처한 상황을 이해한 후 상대를 위하는 마음으로 말하자. 가슴으로 말하자. 상대 안에서 일어나는 것을 공감할 때 진정성이 담긴 말이 나온다. 그 말은 가슴에서 우러나와 상대에게 큰

울림을 주고 오래도록 생생하게 기억되는 말이 될 것이다. 듣는 사람의
마음을 움직여 삶이 변하는 계기가 되어줄 것이다.

실천 팁 가슴으로 말하기

머리로 하는 공감 없는 말	가슴으로 공감하는 말
너 그런 짓을 왜 했니? 정신 못 차려? 퇴학당하면 뭐해 먹고 살래?	힘들었지? 피곤하겠다. 빨리 씻고 자라.
뭐가 그리 심각해? 나 같으면 이렇게 하겠다	이미 넌 알고 있어. OO야.
안정적이네. 네 밥벌이로 이직이 더 낫겠다	너 좋은 거 해. 너 하고 싶은 거 해.

엄마다운 말은
면역력을 높여 가장 나답게 한다

몸은 마음에 영향을 받는다. 마음이 밝고 건강하면 몸도 건강하고 마음에 상처를 입으면 몸도 힘들다. 흔히 몸이 아프면 병원을 찾아가 치료를 받는다. 마음이 아플 땐 그냥 내버려 두는 경우가 많다. 마음이 왜 아픈지, 어떻게 해야 나아질 수 있는지 모르기 때문이다. 심지어 마음이 아픈 건지조차 모르고 조각난 채로 세월을 보낸다.

어릴 적 다치거나 배가 고프면 엄마를 찾아가 해결한 경험이 있었을 것이다. 마음이 힘들어 어디로 가야 할지 모를 때 생각나는 사람이 있다. 바로 엄마다. 엄마는 마음의 고향이다. 엄마와의 경험이 많든 적든 엄마라는 존재는 지닌 힘이 있다. 그 속에는 무한한 안아줌이 있기에 힘들면 마음으로 달려간다. 자동이다.

정신건강의학과 정혜신 박사는 엄마성이 치유의 본질이라고 했다.

상처 난 마음을 치유하고 확실한 면역력을 갖게 되는 엄마성은 따뜻하다. 푸근하고 강력하다. 내면의 상처를 아물게 하려면 엄마다운 말이 필요하다. 가장 엄마다운 말은 상대의 내면을 치유하고 가장 나답게 한다.

누군가의 치유와 나다움을 이끄는 최선의 방법은 가장 엄마다운 말로 엄마성을 발휘하는 것이다. 자신에게도 엄마성을 지닌 엄마다운 말은 나를 나답게 하는 방법이다.

나는 2015년부터 2019년까지 공공기관에서 154회에 걸쳐 집단 상담을 했다. 성인 총 1,062명이 참여했던 집단 상담 중 나는 신념에 대하여 질문했다. 그 중, 인상적인 하나는 '세상에서 가장 강하고 힘이 센 것은 ○○이다.'에 대한 대답이었다. 성인 1,062명 중 36.25%에 해당하는 385명이 '엄마'라고 답했다. 다른 부연설명 없이 질문지를 보여주고 각자 답을 기록하도록 하였기에 더욱 놀랐다.

질문에서의 센 힘은, 물리적인 힘이 아니라는 걸 답변한 그들도 안다. 엄마의 초월적인 능력 즉, 엄마성의 치유력을 믿는 사람이 많이 있음을 알 수 있었다. 실험은 아니었지만 '엄마'에 대한 각별한 관심이 있었기에 분석한 결과였다.

어떤 경우라도 믿어주고 수용해 주는 사람은, 엄마이다. 어떤 감정이나 행동도 평가하지 않고 전폭적으로 인정해 주는 것이 엄마성이다. 엄마성 있는 존재의 가장 엄마다운 말은 그 사람 자체를 주목한다. 존중하기에 치유적이다. 사람을 죽인 어느 사형수에게 하는 엄마의 말이다.

"네가 살인자라도 네가 뭘 했어도 난 항상 네 편이다. 세상 사람들 모두가 손가락질해도 난 널 사랑한다."

　가장 엄마다운 말이다. 아들은 바뀔 것이다. 존재 자체가 받아들여지는 경험으로 치유 받았기 때문이다.

　분노를 주체하기 어려워하는 D 씨가 상담을 의뢰했다. 선배와 동업하여 사업을 시작했고 몇 달 후 동업자에게 사기를 당했다. 지인이기에 더 큰 배신으로 다가왔고 당장 복수하고 싶었다. D 씨는 복잡한 양가감정으로 말했다.

"사기 친 그 선배를 찾아가 죽이고 싶다고요."

　분노하는 D 씨의 말에 어떻게 반응해야 할까?

"마음은 충분히 이해합니다. 그렇지만 그런 생각은 위험해요. 큰일 날 수 있죠."

　흔히 도덕적인 잣대로 말하기 쉽다. 상대 감정을 평가하여 충고하는 말이기에 부적절하다. 즉, 감정 자체의 전폭적인 수용과 존중이 없기에 상담과 거리가 멀다. D 씨가 자기다움을 회복하는데 도움이 되지 않는다. 나는 엄마성 있는 존재로 그에게 집중했다.

"그런 마음이 들 만큼 괴로우시군요. 하루하루 어떻게 보내고 계신 건가요?"

　도덕적인 잣대를 내려놓고 그 사람의 감정을 읽어주었다. 자신의 감정을 가감 없이 꺼내놓고 인정받는 과정이 필요하다. 구체적인 말로 표현하도록 질문했다.

"죽이고 싶다는 생각이 들 때마다 마음이 어땠나요?"

"그럴 때 혼자서 어떻게 견디셨나요?"

"D 씨에게 그 선배가 특별했나 봐요. 지금 선배를 만나게 된다면 뭐라고 하고 싶은가요?"

충고하거나 어떤 비난 없이 그의 감정에 집중했다.

'내가 어떠한 말이나 감정을 쏟아내도 다 받아줄 듯해.'

D 씨는 분노와 슬픔, 원망과 자책의 감정을 몇 차례에 걸쳐 쏟아낸 후 안전함을 느꼈다. 가장 엄마다운 말이 한 사람을 치유의 길로 이끌었다. 엄마성을 지닌 존재의 안전함에서 감정의 밑바닥을 모두 끄집어낼 수 있게 된 거다. 그 끄트머리까지 함께 있고 받아주는 힘이 엄마성이며 치유이다. 그 마음을 알아주면 죽이고 싶었던 감정이 작아진다. 가장 엄마다운 말이 상대를 살리고 다시 자기 자리로 돌아오게 한다.

미국 텍사스대학교 MD 앤더슨 암센터에서 '미국 최고의 의사'로 선정된 김의신 박사는 암을 예방하고 치료하는데 가장 중요한 다섯 가지를 설명했다. ①암을 공부하기 ②가족력을 조사하고 주기적으로 건강검진 받기 ③삶에 대해 겸손한 태도 취하기 ④전문가에게 치료받을 때 신뢰하며 맡기기 ⑤하나님을 온전히 의지하는 믿음 갖기이다.

거창한 지침이라기보다 일상에서 규칙적으로 지킬 생활양식에 관한 방법이다. 주목할 점은 눈에 보이지 않는 정신과 마음의 관리가 반 이상을 차지하고 있다는 것이다. 많은 환자를 치료하고 봐 온 김의신 박사가 덧붙이며 강조하는 부분이 다섯 번째 지침이다. 불가능하다고 진단한 환자 중에서 병을 이겨낸 기적을 적지 않게 경험하며 얻은 방법이다. 믿음을 갖고 찬양하는 크리스천들의 몸에 면역 세포인 NK 세포가 천 배 정도 더 많다는 연구 결과를 얻기도 했다. 이는 마음과 정신의 건강한 회복이 면역 세포를 늘려 몸의 치료를 가능하게 한다는 것이다.

마음의 상처가 치유되고 회복되었을 때 몸에서는 스트레스 호르몬인 코르티솔 분비를 억제한다. 혈액순환이 잘 되고 폐에 산소 공급이 원활해진다. 뇌에서는 베타 엔도르핀을 분비하고 면역 세포인 NK 세포를 활성화한다.

존재 자체에 온전하게 집중하는 가장 엄마다운 말은 치유력이 강하다. 엄마성이 깊은 말은 면역력을 키운다. 비슷한 상황이 오더라도 면역기능을 가동하여 거뜬히 이겨낼 수 있다. 몸의 면역력 또한 향상 된다. 치유된 몸과 마음으로 원래의 자기 모습을 만난다. 온전한 나로 자리 잡고 나다워진다.

가장 나다워진다는 것은 자기가 하는 말이 자신과 잘 어울린다고 느껴서 편안해지는 거다. 편안해지면 자신이 꽤 마음에 들고 제법 괜찮은 사람으로 여겨진다. 엄마성을 지닌 존재를 경험하면 몸과 마음의 면역력이 높아져 가장 나답게 된다. 판단과 충고 없는 말은 사람 자체를 존중하고 상대의 감정에 집중한다. 가장 엄마다운 말로 자신과 타인을 대하도록 하자. 엄마성이 가진 치유의 힘으로 자기다움을 되찾을 것이다. 우리는 모두 자기다울 때 가장 아름답다.

실천팁 가장 엄마다운 말로 면역력 높이기

평가 · 비난 · 조언의 말	엄마다운 말
"왜 왔어요? 죄수복 입은 모습 보이고 싶지 않으니 가요."	
"어떻게 이런 일이. 네가 그랬다고 도저히 믿어지지 않는구나."	"얼마나 힘드니? 네가 살인을 했어도 난 널 미워하지 않아. 누가 뭐래도 난 항상 네 편이야."
"난 혼자야. 난 외로워."	
"진짜로? 너처럼 멋진 애가 왜 혼자야? 다시 생각해 봐."	"사람들이 네게 친근히 다가오지 않는다고 느끼는구나. 가까이 있어도 멀게 느껴지겠네."
"학예회 때 바보 같은 드레스를 입고 싶지 않아요, 엄마."	
"안 그래. 얼마나 예쁜지 넌 모를 거야." "다 널 위해서 준비한 거야."	"남자애들이 네 드레스를 보고 웃을까 봐 부담스럽구나?"

척하지 마라,
겸손과 진솔함은 위력을 발휘한다

우리는 자신이 처한 상황이 좀 더 나아지길 바란다. 각자 자신이 소중하기에 자기 입장 중심으로 상황이 변화되기를 원한다. 현재 자기 상황이 만족스럽지 못한 원인을 내가 아니라 세상에 있다고 생각하기 때문이다.

톨스토이(Lev N. Tolstoy)는 "모두가 세상의 변화를 꿈꾸지만, 자신의 변화를 생각하는 이는 아무도 없다."라고 했다. 확실하게 상황을 바꾸는 방법은 내가 먼저 바뀌는 것이다. 내가 바뀐다는 것은 먼저 내 말이 변하는 것에서 시작해야 한다. 우리는 먼저 내 말을 바꿀 수 있다. 그러면 상황도 바뀐다.

상황이 바뀐다는 것은 어떤 것일까? 원하는 대로 변화되는 것은 물론 예상하지 못했던 결과가 나타나는 것이다. 더 구체적으로 사람들이 나를 다르게 바라보는 것이다. 나를 대하는 태도가 바뀌고 관계가 변하며 긍정적인 조직 문화가 확산되는 것이다.

　사람의 속성 중에는 '척하고 싶다'라는 심리가 있다. 영국 리즈대학교 아만다 워터맨 교수의 연구는 사람이 얼마나 아는 척하고 싶어 하는지 알게 한다. 성인 대상으로 다양한 질문을 하고 답하게 했다. 네 명 중, 한 명이 잘 알지 못하는 것까지 아는 척했다. 모른다고 말하면 불이익이 오거나 기회를 상실한다는 생각에 전문가인 척 답하는 것이다.● '아는 척, 있는 척'하고 싶은 심리를 발휘하지만 다른 사람이 나타내면 받아주지 않는다.

　캐나다 온타리오 주 스튜어트 폭스맨 박사는 내과학회지에 환자에 대한 치료방법을 모를 때, '잘 모르겠습니다.'라고 말한 내과 의사의 실험 결과를 발표했다. 많은 환자가 '의사의 그 말에 신뢰가 더 가더라고요.'라는 반응을 보였다. 폭스맨 박사는 사례 속 환자의 반응을 통해 '아는 척하지 않는 것이 오히려 유대감을 형성한다. 누구에게나 한계는 있고 전문가도 예외는 아니다.'라고 말했다.● 다 알고 있다고 말하는 사람보다 모르는 게 있을지라도 최선을 다하고 있는 사람을 더 신뢰한다.

　2014년 tvN 드라마 「미생」에서 박 대리는 거래처에 싫은 말을 하지 못해 일 처리가 늦어지곤 했다. 거래처는 차일피일 미루며 납품일을 어겼고 마음 약한 박 대리는 믿고 기다렸다. 문제가 불거지자 그 상황에 관해 설명하는 위기의 순간이 왔다.

"초기부터 문제를 심각하게 인지하지 못했습니다. 문제가 발생하는 동안 제겐 구체적인 대책이 없었습니다. 저들이 우리 회사를 호구 삼은 것은 바로 저 때문입니다. 제가 쉬운 사람이었기에 '저들에겐 그래도 돼'라는 생각을 하게 만들었습니다. 회사가 거래처와의 오래된 파트너십이 흔들리지 않기를 원합니다. 제가 책임지겠습니다."

"자네 몇 년 차인가? 자네가 어떻게 책임질 수 있나? 이만한 일로 십 년지기 파트너를 버릴 거 같은가? 하하하. 그래도 그런 고민 지금 하는 게 좋은 거야. 자네의 그런 태도 나쁘지 않아. 이번 일 잘 정리만 하게."

문제 상황에 대한 해명의 순간, 박 대리는 거래처의 잘못을 부각시켜 원인과 책임을 전가할 수도 있었다. 그는 '잘한 척, 아는 척'을 하며 빠져나가지 않았다. 솔직하게 자신의 잘못을 직시하고 인정했다. 위기 속에서 남을 밟고 혼자 살려는 평범한 반응에 사람들은 신물이 나 있다. 그의 겸손과 정직의 말투는 신선했다. 심각했던 상황에서 오히려 자신에게 유리한 방향으로 마무리할 수 있었다.

세상은 자기를 포장하는 것에는 익숙하고 다른 사람의 가짜엔 까칠하다. 회피하거나 과장하지 않고 진실하게 말하는 사람에게 신뢰를 보인다. 사람이 겸손하면 많은 유익이 생긴다. 더욱이 큰 손해를 감수하고 자신의 부족함을 인정하는 것은 더 많은 신뢰와 공감을 부른다. 자신을 낮춰 손해 보는 가능성을 껴안으며 말하면 오히려 상황을 역전하는 기회가 오기도 한다. 이처럼 자기 이익을 먼저 생각하지 않는 겸손과 진실의 대화가 많아질수록 세상은 바뀔 것이다.

상황을 주도할 수 있는 것은 나로부터 시작된다. 다른 사람을 내가 먼저 호의적으로 대하면 상대도 비슷하게 대한다. 반면 다른 사람에게 무뚝뚝하거나 무관심으로 대하면 상대도 마찬가지로 싸늘하게 대한다. 특별히 안 좋은 일이 없었더라도 부정적인 에너지가 돌고 돈다. 내가 상대에게 관심과 호의를 갖고 있으면 상대도 그만큼의 호의에 부응하기 위해 노력한다. 긍정적인 결과와 상황에 이르며 심리학에서 말하는 피그말리온 효과와 같다.

자신의 호의적인 관심과 말대로 긍정의 결과가 나타난 사례를 보자. 식품 제조회사 긴자 마루칸의 인사말은 "항상 감사합니다!"이다. "좋은 아침입니다. 항상 감사합니다.", "다음에 또 뵙겠습니다. 항상 감사합니다."라는 말은 마법처럼 커다란 능력을 발휘한다. 회사 대표 사이토 히토리는 말한다.

"지금은 그렇지 않으니 마음에서 우러나올 때 말하자고 생각하고 있나요? 10년이 가고 30년이 가도 평생 말하지 못해요. 마음속은 그렇지 않더라도 일단 '항상 감사합니다'라고 웃으며 말해봅시다. 반드시 신비한 일이 일어날 겁니다."

그렇다. 마음이 움직이지 않더라도 일단 말하는 것이 중요하다. '항상 감사합니다'라는 나의 말은 겸손과 진정한 고마움으로 내 마음을 채울 것이다. 그의 말처럼 '항상 감사합니다'라는 말을 하면 실제로 감사할 만한 일이 일어난다. 현실은 별로 그렇지 않더라도 감사의 말을 해야 할 이유이다.

매사에 하는 나의 말은 실제로 이루어져 상황이 바뀐다. 상황이 나아지기를 원한다면 먼저 내 말을 바꾸도록 하자. 내가 주는 대로 상대에게 받을 수 있을 것이다. 회피와 과장이 없는 진솔한 말로 나를 낮추면 기대보다 훨씬 더 놀라운 결과를 만나게 될 것이다. 먼저 내 말을 바꾸면 어느새 상황을 주도하는 사람이 되어있을 것이다.

실천 팁 척하지 않고 말하기

척하는 가짜 말	겸손하고 진솔한 진짜 말
그것도 없어요?	죄송해요. 제겐 없네요.
그걸 모르세요? 다시 찾아봐요.	잘 모르겠습니다.
저 나름대로 최선을 다했다고요.	제 잘못입니다.
왕년에 내가 대단했지.	항상 배웁니다. 감사합니다.

Chapter 05

유연한
관계를 만드는 말

공감하면 상대의
마음이 선명하게 보인다

힘든 일이 생겨 슬프거나 당황스러울 때가 있다. 누군가 힘들고 괴로워 당신에게 얘기할 때 어떻게 해주고 싶은가? 무엇을 해줄 수 있는가? 이때 당신은 당신의 경험으로 조언할 수 있다. 당신의 상식을 기준으로 문제 해결에 도움을 줄 수도 있다. 그러면 상대는 괴로움을 덜어낼 수 있을까? 조언과 평가는 도움이 되지 않는다. 공감이라고 착각하게 하는 방해 요소이다. 아파하는 사람에게 진짜 도움이 되는 것은 공감이다. 필요한 건 첫째도 공감이요, 둘째도 공감이다.

셀레스트 헤들리는 《말센스》에서 '공감은 진심으로 듣고 진심으로 얘기하며 상대의 아픔을 같이하는 것이다. 모든 감각과 마음을 동원해서 공감할 수 있다'라고 했다. 공감은 '나라면 어땠을까'라고 상대 관점에서 상상하는 것이다. 대화 속에서 상대를 먼저 배려하는 훈련으로 얼게 되는 능력이다.

중국 고대 도가(道家)의 사상가인 장자(莊子)는 자기 존재 전체로 들어 주는 것이 진정한 공감이라고 했다. 손은 다른 것을 하며 귀는 듣고 있다는 것은 사실 듣는다고 말하기 어렵다. 정신이 분산되어 있기에 그야말로 들릴 뿐이며 공감할 수 있는 기능은 거의 없는 상태이다. 존재 전체로 듣는다는 것은 뭔가를 애써 하려 하지 않고 몸과 마음의 기능을 비워 듣는 것이다. 그때 상대에게 공감할 수 있다. 공감이라고 착각하게 하는 방해 요소에 대한 사례다.

혜경 씨의 중학생 딸은 매일 아침 거울 앞에서 시간을 많이 보냈다. 어느 날이었다.

"난 돼지 같아. 너무 못생겼어."

"아니야. 우리 딸이 얼마나 예쁜데. 네 오뚝한 코는 예술이란다. 당당하자 우리 딸!"

자신을 비하하는 딸의 말에 속상한 혜경 씨가 격려하며 말했다.

"말도 안 돼. 엄마 눈에만 그렇지."

엄마의 말에도 딸은 마음이 풀리지 않았고 못생겼다는 자기 생각을 한 번 더 굳혔다. 왜 그럴까? 혜경 씨는 감정을 말하는 딸에게 엄마의 생각을 말하며 위로했기 때문이다. 아이의 외모를 자기 기준에서 판단한 후 조언한 거다. 공감인 줄 알지만, 사실은 공감을 어렵게 만드는 방해물 역할이다. 바꿔보자.

▶"난 돼지 같아. 너무 못생겼어."

212

"오늘따라 부어 보인다고 여겨져서 속상하구나, 우리 딸!"

"네, 오늘 드라이가 이상하게 돼서 거울에 내 얼굴이 꽉 찼어요."

"드라이가 원하는 대로 되었으면 참 좋았을걸."

"그러게요. 오늘은 그냥 묶고 갈래요. 그럼 좀 나아요."

노턴 저스터(Norton Juster)의 우화 《점과 선》에서 자신에게 관심도 없는 점에게 푹 빠져 상사병이 난 선을 만나려고 친구들이 찾아와 말했다.

"걔는 너한테 어울리지 않아."

"깊이가 없다고."

"멋진 직선을 찾아 만나면서 마음을 잡지 그래?"

선은 먹지도 않아서 점점 마르고 침울해졌다. 선이 걱정되어 북돋아 주기 위해 찾아온 친구들이 한 말은 공감을 가장한 조언과 판단이다. 아파하는 선을 걱정하며 함께 하고 싶은 마음으로 찾아왔다. 그러나 그들이 함께한 대화는 자기 생각을 잣대로 한 평가와 충고였다. 공감받지 못한 선의 아픈 마음은 나아졌을 리 없다.

이와 같이 우리는 공감을 가로막는 말을 의외로 많이 한다. 공감인 줄 착각하고 사용하는 말들이다. 위로를 들을 때는 도움이 되는 것 같지만 잠시뿐이다. 조언을 들으면 문제를 피해 피상적인 이야기를 하거나 오히려 문제 원인에 매몰된다. 판단과 평가의 말은 문제를 해결하는 것처럼 들리나 상대에게 지금 필요한 것은 문제 해결보다 공감이다.

조언 하기	회피하기	그건 그렇고, 나는 어떤 줄 아니? 저번에 나 더 한 일이 있었잖아.
	자신(듣는 사람)에게 초점 맞추기	그럴 때 나는 이렇게 해. 넌 왜 나를 닮지 않았을까?
	문제 너머에 초점 맞추기	이번에 좋은 경험 했다고 생각해. 그냥 운이 없었던 거야.
	추궁하기	왜 이렇게 하지 않았니?
위로 하기	칭찬하기	넌 최선을 다했다. 네 잘못이 아니야.
	좋은 말	힘내.
	격려하기	네가 뭐가 모자라서.
	충고하기	네가 이렇게 하면 되지 않을까? 잊어버려. 걱정하지 마. 불안해할 거 없어.
판단·평가 하기	정보 수집하기	언제부터 그랬는데?
	분석·진단하기	걔는 너한테 안 어울려. 인연이 아니었어.
	문제 해결해주기	자격증 시험 준비를 해 보는 게 어때?

　공감은 진정으로 들어주고 말하는 사람의 마음 속 사각지대까지 알아주는 것이다. 공감의 효과에 대해 칼 로저스(Carl Rogers)는 말했다.*

　"누군가 내 말에 귀 기울여 진지하게 들어줄 때 이해받고 있음을 느낀다. 막막했던 일에 용기를 얻어 해결 방법이 떠오르게 한다. 누가 나를 책임지려 한다거나 평가하지 않고 공감받았기 때문이다. 내게 어떠한 영향을 미치지 않고 잘 들어주면 새로운 시선으로 세상을 보게 된다."

《당신이 옳다》에서 정혜신이 말한 공감이다.

"공감은 말을 통해 꺼내놓는 상대 마음에 집중할 때 도달하는 깊은 이해이다. 이해되면 그에 마땅한 공감과 감정이 자연스럽게 우러난다. 공감은 상대의 존재 자체에 집중하는 것이다."

그녀는 북유럽 어느 나라의 비만 치료 센터에서 진행하는 다이어트 비법과 공감의 원리가 닮았다고 소개한다.

"의뢰된 고객은 처음에 누드 사진을 찍는다. 예술 사진처럼 크게 인화해서 걸어 놓고 보며 생활하게 한다. 자기 몸을 바라보며 의식하게 하되 자기 모습과 현재 상황을 그대로 볼 수 있는 누드 사진은 한 사람의 마음 곳곳을 비춰 반영하는 거울과 같다."

빼거나 더함 없이 온전한 자신을 담아줄 때 비로소 공감이 일어난다. 공감은 상대가 진정으로 수용받고 존중받는 경험이며 제자리를 찾아가는 핵심 과정이다. 공감하는 말은 매우 중요하다. 이해하면 공감한다. 공감하면 상대는 스스로 현재를 또렷이 직면한다. 받아들여진 경험이 새로운 눈으로 세상을 대하게 한다.

공감하기 위해 기억해야 할 방법을 소개한다.

① 문제 해결을 위해 노력하지 않는다. 도움을 줘야 한다는 생각을 버린다.

② 말하려고 노력하지 않는다.

③ 공감이 이끄는 비언어적인 표현을 자연스럽게 한다.

④ 마음이 어떨지 함께 느끼려는 마음을 갖는다.

⑤ 상대와 상대의 감정, 지금까지의 과정에 집중한다.

⑥ 충분히 그 감정에 머무를 수 있도록 함께 있어 준다.

실천팁 공감하는 말, 공감하지 못하는 말

공감을 방해하는 말	공감의 말
세상사 이야기로 겉도는 말	**그 사람에게 초점을 맞추는 말**
모든 여자는 역시 구두를 좋아해요.	유독 뾰족구두에 민감한 당신이 궁금해요.
결과에 초점을 둔 말	**과정(사람 자체)에 초점을 둔 말**
100점 맞았네. 잘했어.	음식 준비하시느라 힘드셨을 텐데, 정말 애쓰셨어요.
조언·칭찬·위로	**거울보기로 반영해 주기**
그 정도면 괜찮은 회사야. 기운 내.	고민이 많았구나. 그동안 힘들었겠다.
평가·판단	**감정에 머물러 함께 버텨주기**
네가 얼마나 예쁜데. 자신감을 가져.	오늘따라 네 모습이 마음에 안 드나 보구나?

신뢰를
만드는 마법의 칭찬

　칭찬에 대한 긍정적인 효과는 아무리 강조해도 부족함이 없다. 칭찬의 말은 듣는 상대와 칭찬하는 사람 모두에게 유익하다. 칭찬하면 긍정의 에너지가 오가므로 신뢰가 쌓인다. 누군가로부터 들은 칭찬은 그 내용을 믿게 되어 변화가 시작된다. 상대의 변화를 원하고 호의적인 관계를 바란다면 섬세하게 칭찬하도록 하자. 상대가 바뀌었으면 하는 바를 칭찬할수록 긍정의 효과가 있다. 원하는 대로 칭찬하면 듣는 상대는 수용하며 믿는다. 믿으니 변화한다. 나아가 칭찬은 신뢰를 만든다.

　미국 하버드대학 질 훌리(Jill Hooley) 박사의 연구이다. 자녀에게 엄마의 칭찬이 녹음된 파일을 들려준 후 뇌의 변화를 측정했다. 아이들의 뇌는 칭찬을 들은 후, 배외측 전전두엽(dorsolateral prefrontal cortex)의 활성화가 나타났다. 이 부위의 뇌는 일을 계획하고 결정하며 실행하고 관리하는 역할과 문제 해결을 주도한다. 칭찬을 통해 배외측 전전두엽을 활성화하면 동기를 부여하여 삶과 관계에 활력이 넘친다.

미국 제조업체인 제너럴 일렉트릭(General Electric)의 경영자 잭 웰치(Jack Welch)는 적재적소에 칭찬 한마디로 인생이 바뀌었다. 어릴 적, 그는 말을 더듬었다. 친구들의 놀림을 받아 늘 속이 상했다. 아이들이 자신을 놀리는 것에 속이 상한 그는 어머니에게 말했다. 잭 웰치의 말을 듣던 어머니는 잭을 안아주며 말했다.

"잭, 네 머리가 매우 좋아서 미처 입이 따라오지 못하는 거란다. 그래서 말을 더듬을 수 있는 거야."

꼭 필요한 순간 아들의 장점을 들어 표현한 어머니의 칭찬은 그에게 큰 선물이었다. 자신의 단점을 장점으로 승화하고 재능을 재발견하여 세계 최대 기업 GE를 이끄는 경영자가 되었다. 인생이 바뀌는데 원동력이 될 수 있었다.

강철왕 앤드류 카네기(Andrew Carnegie)는 평소 함께 일하는 사람들을 공적으로 사적으로 칭찬했다. 그는 자신의 묘비명을 다음과 같이 썼다. *

'자기보다 현명한 사람들을 자기 주위에 모을 줄 알았던 사람 여기에 잠들다.'

카네기는 자신의 묘비에서까지 함께 했던 직원들을 칭찬하길 원했다. 과연 강철왕으로 자리 잡은 그의 성공 요인 중 하나는 '인간관계'라고 할 수 있다. 타인을 나보다 낮게 여기며 칭찬하고 믿어주는 태도가 성공한 인간관계의 바탕이었다.

　로버트 치알디니(Robert Cialdini)의 《설득의 심리학》에 의하면 '칭찬'이 '신뢰 관계'를 낳는다. 그럴 뿐만 아니라 원하는 결과에 커다란 효과가 있음을 말하고 있다.

　노스캐롤라이나 주의 한 실험에서 칭찬에 대한 사람의 평가가 얼마나 호의적인지 연구했다. 참여자들은 자신의 도움을 원하는 사람이 그들에 대해 긍정, 긍정과 부정, 부정으로 평가한 것을 들었다. 참여자들은 자신을 평가한 사람을 평가하였고 사람에 대한 호감을 측정했다. 실험 결과, 참여자에게 가장 큰 호감 가는 평가를 받은 사람은 그들에 대해 긍정적인 칭찬만 했던 사람이었다.

　우리는 누구나 칭찬에 목말라 한다. 상대가 도움을 받기 위해 의도를 갖고 칭찬했다. 그걸 알더라도 칭찬해준 사람에게 가장 큰 호감을 느낀다는 것이다. 자신을 향한 칭찬이 진실이든 가식이 섞여 있든 칭찬해준 사람에게 가장 호의적임을 알 수 있다.

　칭찬 효과를 높이는 방법은 칭찬하는 말을 당사자에게 직접 건네기보다 제삼자를 통해 듣게 하는 것이다. 그럴 때 더욱 신뢰한다. 심리학에서 말하는 '주위듣기 효과'이다. 결과와 무관하게 전혀 이익이 없는 제삼자를 통해 칭찬을 듣게 하는 방법이다. 칭찬받는 당사자에게 전혀 잘 보일 필요가 없는 제삼자의 말은 칭찬하는 사람의 말보다 강력하다. 주위듣기 효과는 캐나다 캘거리대학교 교수 데이비드 존스(D. A. Jones)

의 실험과 여러 연구에서 입증되었다.*

칭찬하는데도 기술이 필요하다. 캔 블랜차드(Ken Blanchard)의 《칭찬은 고래도 춤추게 한다》에서 칭찬 십계명을 소개한다.**

① 칭찬할 일이 생기면 즉시 칭찬하기

② 잘한 것을 구체적으로 칭찬하기

③ 가능한 한 공개적으로 칭찬하기

④ 결과보다 과정을 칭찬하기

⑤ 사랑하는 사람에게 하듯 칭찬하기

⑥ 거짓 없이 진솔한 마음으로 칭찬하기

⑦ 긍정적인 시선으로 보면 칭찬할 게 보인다

⑧ 잘못된 게 생기면 다른 방향으로 관심을 유도하기

⑨ 일이 잘 풀리지 않을 때 더 격려하기

⑩ 가끔씩 자기 자신을 칭찬하기

칭찬을 많이 하자. 특히, 뒷담화 할 시간이 있으면 칭찬으로 하자. 칭찬을 많이 흘릴수록 칭찬받는 당사자는 자기 신뢰가 쌓여 칭찬 내용을 더 잘 믿게 된다. 물론 칭찬해준 사람과의 관계는 더욱 신뢰가 쌓이게 될 것이다.* 변화되기 원하는 바를 칭찬하도록 하자. 구체적이고 세심한 관심이 전해져 돈독한 신뢰 관계가 될 것이다.

실천팁 신뢰를 쌓는 칭찬의말

《칭찬은 고래도 춤추게 한다》의 칭찬 십계명	칭찬의 말
잘 관찰하고 구체적으로 칭찬하라	청소하느라 애썼어. 이번엔 창문까지 닦았구나. 깨끗해져서 참 좋아.
주관적인 언어로 칭찬하라	나는 당신을 좋아해요(I like you).
당사자가 없는 곳에서 공개적으로 칭찬하라	있잖아요~ 이 대리 알고 보니 정말 의리 있는 사람이더군요.
약점을 들어 칭찬하라	털어놓기 어려웠을 텐데 나한테 말해 줘서 고마워요.
과정을 칭찬하라	난 언제나 당신 편이에요. 지금 하는 일의 결과가 어떻게 나오든 상관없이 난 당신을 믿어요!
실망하고 있을 때 더욱 격려하며 칭찬하라	난 당신이 늘 자랑스러워요!
스스로 칭찬하라	난 내가 생각하는 것보다 훨씬 괜찮은 사람이야!

깨달음은
실천해야 내 것이 된다

　말이 변하면 삶의 방향이 바뀐다. '이러이러하게 말하면 이렇게 된다' 라는 주장과 이야기를 많이 들었을 것이다. 알고는 있지만, 머리로 이해할 뿐 실천하지 못하는 경우가 많다. 그만큼 새로운 것을 받아들여 습관이 되기까지 행동하기란 쉽지 않다.

　말이 변한다는 것은 새로운 말이 익숙해져서 내 말이 되는 것이다. 새로운 말이 내 말이 되려면 의지로 기억하고 말해서 습관이 되어야 한다. 시간과 노력이 필요하다. 새로움은 익숙해지기까지 불편함을 동반한다. 기존에 익숙했던 내 말과 이별하는 과정은 어색하고 불편한 게 당연하다.

　이 책을 손에 쥔 당신은 생각과 말을 바꾸고 싶은 사람이다. 당신이 꿈꾸는 삶으로 변화를 추구하는 사람이다. 그러나 이미 알고 있는데 아직 변화되지 않았다면 중요한 건 아는 게 아니라는 걸 당신도 알고 있다. 중요한 건 알고 있는 것을 실천하는 것이다. 실천하면 습관이 되고 내 말로 자리 잡게 되어 원하는 삶으로 바뀐다.

말이 변하려면 하기 쉬운 것부터 시작한다. 내 말이 변하기 위한 네 가지 방법이다.

① 말의 변화를 위하여 실천을 가로막는 방해물을 제거하라

누구든지 실천하지 못하게 하는 자신만의 습관적 과정이 있다. 그중 발화점이 되는 지점을 찾아내어 피하거나 잘라낸다. 스스로 원하는 언어를 사용하기 위해 외부 환경을 동원하여 자기 언어를 제어 관리하는 것이다.

뉴턴(Newton)의 세 가지 운동 법칙 중 관성의 법칙은 우리가 왜 변하기 쉽지 않은지 이해하게 한다. 관성이란 외부 자극 없이는 현재의 움직임을 그대로 유지하려는 특성이다. 바깥에서 힘이 가해지지 않는다면 지금의 운동 속도를 같은 정도로 계속 운동하려 한다. 멈춰있는 것도 계속 멈춰있으려 하는 성질이다. 다시 말해 운동 상태를 바꾸고 싶다면 외부의 힘이 필요하다.°

관성의 운동 법칙은 사람의 말에도 적용할 수 있다. '이럴 땐 이런 식으로 말을 해야지.' 하고 마음먹지만, 생각처럼 쉽게 새로운 언어가 나오지 않는다. 많은 사람이 생각한 대로 쉽게 움직이지 않아 변하지 않는 자신으로 살아가고 있다. 이때 필요한 것은 자기제어 장치이다.

자기제어 장치는 강제적으로라도 뭔가를 해낼 수밖에 없는 환경을

만드는 것이다.* 관성을 깨고 뭔가를 해내기 위한 자기제어이다. 자신의 강점을 최대한 발휘할 수 있는 환경이라면 더욱 좋다. 자신에 대해 섬세하게 잘 알 필요가 있다. 자기 성찰을 통해 어떤 점이 약한지, 어떤 상황에서 원하는 행동을 방해받는지 파악이 필요하다. 약한 점은 어떤 환경에서 어떤 감정일 때 극복하게 되는지 아는 것이 필요하다.

만일 자신의 강점이 인내심이라면 어떻게든 해내야만 하는 환경을 만들고 인내심에 연동하여 실천하는 것이다.

원하는 것을 해낼 수 있도록 환경을 만들어 놓는 자기제어 장치를 언어에 적용하여 상담했던 사례이다. 회사원 A 씨는 대부분 부부싸움에 대한 고충을 토로하였다. 어떤 상황에서 싸움이 되는지, A 씨와 아내를 힘들게 하는 갈등의 요소가 무엇인지 대화했다.

"아내는 제가 자기 말을 무시한다고 말합니다."

"그렇군요. 남편에게 무시당한다는 느낌이 아내를 힘들게 하고 있네요. 그럼, A 씨를 힘들게 하는 건 뭘까요?"

"무시당하는 건 오히려 저예요. 퇴근 후에 TV를 볼 때, 사람 마음을 긁어요. '어휴~, 어이구~, 너 또 이러니?' 이런 말로….."

"아내의 그런 말을 들으면 무시당하는 느낌이 들겠죠. 그런 말이 불편한 것에 대해 이야기해 봤나요?"

"TV만 보면 자기 말에 대답을 안 한다는 거예요. 난 듣고 있는데…."

A 씨 부부는 거의 비슷한 상황에서 같은 패턴으로 싸우고 있었다. 오

랜 시간 반복되는 갈등을 멈추고 싶었으나 쉽게 바뀌지 못했다. A 씨는 아내와 싸우지 않고 다정한 대화를 나누는 남편이 되고 싶어 했다. 구체적인 질문을 통하여 상황을 분석하고 A 씨 자신을 알아가는 과정이 필요했다.

● 질문을 통해 자신을 알아가는 과정

약점 위주의 질문	
나의 어떤 점이 약한가?	한 번에 두 가지를 하기 어렵다.
주로 어떤 상황에서 말하기에 방해받는가?	TV 볼 때, 상대가 무례할 때
강점 위주의 질문	
주로 어떤 감정일 때 다정하게 말하는가?	존중받는다고 느낄 때
다정하게 말하게 하는 발화점은 무엇인가?	마주 보기, 눈 맞춤
주로 어떤 환경일 때 그 말을 실천하게 되는가?	다른 공간에서, 예) 카페, 여행, 산책 중
해결 방법(자기제어장치)	
약한 점을 극복하려면 어떤 환경이 필요한가?	★ TV를 끈다. ★ 맞은편 의자에 앉아 마주 본다. ★ 주기적으로 산책 시간을 갖는다.

● 상황분석 과정

TV 보며 쉬는 저녁, 아내가 대화하기 원할 때		
㉠		㉡
싸움이 되는 과정		자기제어장치로 원하는 말을 하게 되는 과정
TV를 끄지 않는다.		TV를 끈다.
나란히 앉아 있다.		맞은편 의자에 앉는다.
TV 화면에 시선 고정		눈 맞춤 OK
대답 없이 대충 끄덕임		다정한 대답 OK
⌄	결과	⌄
어휴~. 어이구~. 너 또 이러니?		다정한 대화 가능

A 씨는 더 이상 부부 싸움을 반복하지 않는다. 아내로부터 무시당하는 말을 듣지 않고 어쩌다 예전 습관이 나오더라도 아내는 말한다.

"내 말 듣고 있어요, 여보?"

그러면 A 씨는 다시 아내와 마주 앉아 눈을 맞추며 다정한 대화를 이어갈 수 있게 되었다. 원하는 대화를 하게 된 A 씨의 자기제어 장치는 'TV를 끈다. 의자에 마주 앉는다. 눈을 맞춘다.'이다. 쉽게 변하지 않던 갈등의 패턴이 변하여 다정한 대화를 나누는 남편이 될 수 있었다. 말과 행동을 실천함으로 꿈꾸던 남편으로 변화되었다. 그의 삶의 질이 달라졌다.

② 새로운 말을 실천하기 어렵다면 먼저 버릴 말부터 버려라

새로운 말에는 말을 하는 것뿐 아니라 하지 않아야 할 말을 삼가는 것도 포함된다. 하고 싶지 않은 말이나 하지 않기로 한 말을 줄이는 것에서부터 시작한다. 이런 시도는 실천을 시작조차 못 해서 좌절하고 쉽게 포기하는 것을 방지한다. 하지 않기로 한 말을 줄이는 것도 처음에는 쉽지 않을 수 있다. 습관을 바꾸는 것은 그만큼 어려운 일이다. 어려워서 더욱 가치 있다.

축구를 하는 중에 선수 B는 상대편 선수 C가 미끄러져서 같이 넘어질 뻔 했다.

"아이참, 장난해요? 구를 뻔했잖아."

선수 B는 순간 버리고 싶은 말을 내뱉어 자기감정을 제어하지 못했다. 버릴 말을 삼가해서 다시 말해보자.

▶"앗, 괜찮아요? (혼잣말로 자신에게) 이만하길 다행이다."

평소 습관적으로 나오는 말이 사실은 마음에 들지 않아 늘 고치고 싶은 마음이다. 버릴 말을 계속하면 그 말대로 감정이 따라간다. 그 말에 휘둘릴 걸 알면서 자제하지 못하는 자신이 더 밉다. 습관을 끊도록 하자. 그 말을 버리면 생각보다 훨씬 더 만족스러운 삶이 꽃길처럼 펼쳐질 것이다.

다른 사람의 말에 감정이 상해 되받아치는 말을 하루에 열 번 했다고 가정하자. 비슷한 상황을 만났을 때 먼저 '아, 하지 않기로 했지.'라고 기억한다. 그런 후 의지적으로 삼간다. 그러다 보면 열 번이 여덟 번으로 줄고 다음엔 다섯 번으로 줄일 수 있다. 그러면 습관이 바뀌게 되고 어느새 다른 말을 쓰고 있을 것이다. 그런 나를 사람들은 다르게 바라본다. 관계가 좋아질 테니 내 삶에도 상상하지 못할 만큼 긍정적인 일들로 가득 채워질 것이다.

③ 작은 실천과 작은 변화에 민감해지자

노력하는 과정이 괴롭고 싫은가? 말의 변화는 자신과의 싸움이다. 지금 느끼는 미미한 변화를 놓치지 말고 인식하여 스스로 알아주는 과정이 필요하다. 실천이 잘되지 않을 수 있다. 실수하고 또 실수할 수 있다. 새로운 말을 실천했다가도 다시 예전에 사용한 말이 튀어나올 수 있다.

"예전 말투가 나와버렸네. 괜찮아, 다시 하면 돼."

"또, 실수했네. 그럴 수 있어. 그래도 점점 줄어 가고 있잖아."

"그래, 나 실수했어. 근데 다시 원하는 말로 말할 거야."

실망하지 말자. 다시금 하기로 한 말을 시도하면 된다. 너무 작은 변화라고 무시하며 넘어가지 않고 그 미세한 신호를 놓치지 말아야 한다. 그러면 내가 원하는 말을 어느새 하고 있을 거다. 내 말이 된 것이다.

④ 그냥 하는 거다

이것저것 생각하지 말고 선택한 말을 그냥 그대로 한다.

"이번엔 진짜 하려고 했는데."

"정말 그렇게 말하고 싶은데 상황이…."

"이렇게 해야 하는데, 그러려고 했는데 글쎄…."

하지 않은 것에 대해, 하기 어려운 입장이라는 것에 관해 설명을 늘어놓기 쉽다. 모두 변명이다. 하기로 했으면 자신의 결정에 그냥 순응해야 한다.

2017년 마일즈 텔러가 주연한 「블리드 포 디스(Bleed for This)」라는 영화는 미국 역사상 최고의 권투선수 '비니 파지엔자' 이야기를 다룬 영화이다. 그는 복서 데뷔 4년 만에 라이트급 세계 챔피언에 올랐다. 1991년에는 WBA 주니어 미들급 챔피언에 올라 2체급을 석권했다.

그러던 중 교통사고로 목뼈가 부러졌고 선수로 살 수 없다는 의사의 진단을 받는다. 사람들의 만류와 걱정을 뒤로 한 채, 사망할 수도 있는 위험한 수술을 결심한다. 두개골에 나사를 박아 고정하는 수술을 받고 지독한 재활훈련을 감행한다. 결국 그는 챔피언 결승전에서의 판정승을 시작으로 재기에 성공한다. 영화 속 그의 말이 기억에 남는다.

"대부분의 사람들이 내게 한 말이 뭔지 아세요? '수술하는 게 그리 단순한 게 아니야. 재기에 성공한다는 건 그리 쉬운 게 아니야.' 였습니다. 그런 말로 포기하게 만들죠. 진짜 무서운 건 포기하는 게 제일 쉽다는 거예요. 그러나 원하는 걸 결심했으면 그냥 하는 겁니다. 일단 하면, 언젠가 끝은 나게 되어있어요. 그리고 사람들의 말과는 달리 그건 아주 '단순하다'라는 걸 알게 되죠. 그러니까 처음부터 불가능이란 없었던 거예요."

그의 말처럼 생각만 할 때 복잡하고 점점 더 어렵게 느껴지며 실제로 어려워진다. 그러나 일단 하면 생각보다 그리 복잡한 게 아님을 알게 된다. 그의 삶을 통해 실천하는 것이 얼마나 가치 있는지 알 수 있다. 아니 실천해야만 내 것이 되고 의미 있다는 것을 알게 한다.

처음부터 다 변화된 후의 결과만을 생각하면 엄두가 나지 않는다. 저 멀리 있는 목표 지점만 생각한다면 시작조차 하지 못한 채 포기하기 쉬울 것이다. 그럴 때 진정 원하는 것을 향해 지금 내가 할 수 있는 것 하나를 하는 거다. 이것저것 너무 많은 것을 생각하지 말고 바로 실천할 수 있는 것 하나를 시작하면 된다. 걱정하거나 변명하지 말고 지금 한다.

제프 올슨(Jeff Olson)은《슬라이트 엣지》에서 실천에 대해 강조한다. "핵심이 방법론이라면 해결은 매우 간단하다. 그러나 중요한 건 방법을 어떻게 실천하느냐이다. 방법이 내 일상 자체가 되지 않으면 단지 정보에 불과하다."

방법을 실천하여 일상이 되도록 하자. 그러면 내 것이 된 방법들이 빛을 발해 삶에 큰 변화와 진정한 해법을 얻을 수 있을 것이다. 다시 말하지만 중요한 것은 방법 자체가 아니라 실천이다.

원하는 말을 꾸준히 실천한다면 필요한 능력까지 갖추게 될 것이다. 내가 원하던 말이 내 말로 바뀌게 되고 삶이 바뀌는 경험을 하게 될 것이다. 아는 것을 실천해서 내 말이 되도록 하는 방법이다.

① 실천을 방해하는 시작점을 피하거나 삭제하기
② 바뀌고 싶은 새로운 말을 하기에 앞서 하지 않기로 한 말 먼저
   삼가기
③ 작은 변화를 놓치지 말고 스스로 알아주기
④ 하기로 했으면, 생각은 이제 그만, 그냥 하기

실천 팁 아는 것을 실천하기 위한 말

평생 머리로만 알아 변화를 막는 경직된 말	아는 걸 실천하게 하는 유연한 말
그리 단순한 게 아니야.	실제로는 단순하다. 일단 그냥 하자!
이대로도 나쁘지 않아. 이대로 살아도 뭐 괜찮아.	난 내가 원하는 나로 살 수 있어. 더 괜찮은 사람이 될 거야.
괜한 헛수고야! 산이 저렇게 거대한데 왜 발을 들여? 어차피 못 오를 텐데….	진짜 그럴까? 해보자! 하나하나씩 하는 거야!
괜히 애쓰지 마. 골치 아파.	불편한 이 말이 지금 하면 익숙해 져! 곧 내 말이 돼!
누가 알아준다고?	아무도 보고 있지 않을 때라도 생각한 대로 말하자! 그냥 하기로 했어. 해보자!
귀찮고 힘들어. 오늘 하루만 안 한다고 별 일 있겠어?	피곤하고 어색하지만 결정한 대로 오늘도 말하자. 건너뛰지 말고 매일 매일 하자!
할 수 있을까?	지금 내가 할 수 있는 말 하나를 하자.

긍정적인 말을 하면
성품이 긍정적으로 바뀐다

한 사람의 말을 보면 그의 가정 분위기와 역동을 알 수 있다. 가족의 역동이 각자의 성품에 나타나고 성품은 말에 묻어나기 때문이다. 역동이란 활발한 움직임이기에 '좋다, 나쁘다'라고 단순하게 말하기 어렵다. 성격도 좋고 나쁘다기보다는 그가 가진 성격과 특성이 어떻게 작용하고 있는지가 중요한 것이다.

사람이 가진 특성은 긍정으로 발휘하면 그의 강점으로 나타난다. 반대로 특성이 부정적으로 작용하면 그의 취약한 점이 되는 것이다. 이는 겉으로 드러나는 말을 통해 알 수 있고 흔히 성품이라 부른다. 바꿔 말해 내 말을 적절히 조절한다면 성품의 변화를 시도할 수 있다. 긍정적인 말로 내 안의 역동이 바뀌면 긍정적인 성품으로 변할 수 있다. 역동의 부정적인 작동을 부추기는 말을 멀리하면 성품은 긍정적인 방향으로 바뀔 것이다.

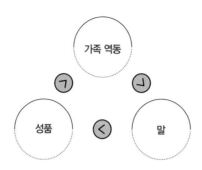

긍정적인 말을 하면 긍정적인 성품이 되고 부정적인 말을 하면 성품도 부정적으로 변할 수 있다. 늘 긍정적인 말을 한다면 좋겠지만 그렇지 않을 때도 많다. 말이 부정적으로 나오게 되는 원인이 무엇일까? 다양한 이유 중 몇 가지를 살펴보자.

"넌 몸이 약해서 안 돼."

"네가 뭘 하니? 너 못 해. 힘들어."

"걔 못 해. 약해서."

어려서부터 이와 같은 말을 듣고 자란 사람이라면 다양한 경험이 적었을 것이다. 할 수 있는 것도 몸이 약하다는 이유로 기회를 얻지 못했을 테니 자신감을 갖기 어렵다. 이런 말은 그 동기 자체가 부정적이 아니다. 자녀의 건강이 안쓰러워 아끼는 마음으로 반복한 말이다. 그럴지라도 말은 부정적인 모양과 의미를 담았기에 상대에게 부정적으로 전달된다.

"난 못 하는 애야. 난 할 수 없어."

"해봤자 어차피 안 될 거야. 힘들어."

부정적인 암시가 터득되었을 것이다. 이런 말은 열등감을 느끼게 한다. 위축되고 예민한 성품을 만든다. 낮은 자존감은 소극적이고 소심한 성품으로 연결될 수 있다. 이처럼 마음의 동기와 무관하게 부정적인 말을 사용하면 듣는 사람은 부정적인 성품을 형성할 수 있다.

심리학자 마틴 셀리그먼 박사는 실험을 통해 '학습된 무력감'에 관해 말했다. 사방이 높은 우리 안에 개가 있다. 전기 충격을 주자 온 힘을 다해 탈출을 시도하였다. 시간이 흐르자 좌절 경험을 반복한 개는 고통을 그냥 받아들이는 모습이었다. 이어서 낮은 벽이 설치된 곳에서 같은 실험을 했다. 개는 탈출할 수 있는 조건이었으나 달아나려 하지 않고 그대로 고통을 감수하는 모습을 보였다. 이 연구 결과는 '학습된 무기력'을 잘 보여주고 있다.

부정적인 말은 듣는 이에게 부정적인 암시를 하게 한다. 부정적인 암시는 학습된 무기력을 기르고 반복한 부정적인 말은 현실이 된다. 결과적으로 위축되고 자신감 없는 성품이 된다. 열등감과 낮은 자존감은 부정적인 악순환을 만든다.

긍정적으로 바꾸어 말하는 것은 매우 중요하다.

▶ "넌 몸이 약하지만 할 수 있단다."

"네가 못 할 이유가 없어. 힘들면 할 수 있는 만큼만 해도 돼."

"넌 약하지만, 마음이 튼튼하니까 반드시 해낼 수 있어. 사랑한다!"

이런 말을 듣고 자란다면 긍정적인 자기 암시를 하게 될 것이다.

"그래, 난 해낼 수 있는 사람이야! 해보자."

"내게 의외로 힘드네. 예전에는 잘했는데."

"해보고 힘들면 그때 멈추자."

긍정적인 말을 하면 자신을 신뢰하기 시작하고 용기 있게 나아가는 적극적인 성품이 된다. 부정적인 말로 부정적인 성품을 만드는 다른 예를 보자.

"오늘은 아무것도 못 했어. 시간이 다 갔어."

"오늘 이 부분까지 완성했어야 했는데 못 했어. 허송세월 보냈어."

"아직도 수요일이야? 금요일은 언제 오지?"

자신이 정해놓은 시간에 할 일을 해내지 못했을 때 아무것도 하지 못한 것처럼 말한다. 사실은 아무것도 안 한 것은 아닌데 말이다. 결과를 중요시하면 과정을 부정하고 경시하는 말을 하게 된다. 정해놓은 지점이나 목표, 시간에 도달하기까지 보낸 동안의 시간은 중요하지 않고 무시한다. 시간을 낭비했다는 부정적인 말을 쓰다 보면 점점 더 자신의 틀이 확고해진다. 자신의 틀이 확고할수록 걱정과 불안이 많은 성품이 된다. 결과 중심의 삶을 살면 초조한 마음에 현재에 집중하지 못하고 즐기기 어렵다. 긍정적인 말로 바꿔보자.

▶ "오늘 이만큼이나 했네. 와~ 오늘도 수고 많았다, 선우야."

"목표한 것까지는 아니지만 이만큼 하기까지 배운 게 참 많아. 꽤 의미 있었어.”

“내겐 오늘이 소중해. 지금이 좋다!”

이렇게 말하면 과정의 소중함이 느껴진다. 내가 한 일들 하나하나가 의미 있게 다가와 달라진 나를 경험하게 된다. 긍정의 말을 사용하면 과정의 소소한 시간이 목표 못지않게 중요해진다. 긍정의 말은 여유있게 현재를 누리고 긍정의 성품을 만든다. 동전의 앞뒷면이 있듯이 부정적인 말투에서도 양면성을 찾아볼 수 있다. 부정적인 말을 쓰는 사람은 책임감이 강하다. 일이나 상황을 예측하고 남들보다 더 준비하기에 일어나지 않은 일까지 걱정한다. 걱정이 많고 성실한 성품의 사람이다. 앞서 말한 사람도 목표를 중요하게 여겨 달려가다가 부정적인 말을 하게 되는 것이다.

“이거밖에 못 했나?”

▶“오늘도 진짜 고생했어. 오늘은 여기까지!”

긍정의 말로 바꾸도록 하자. 자신의 성실함을 인정하며 자신에게 선물 같은 휴식을 말로 준다. 그러면 적당히 대충하는 사람이 아니라 삶의 여유를 누리는 긍정적인 성품의 사람으로 바뀔 것이다.

긍정적인 말은 긍정적인 성품을 만든다. 이를 가능하게 하는 방법은 긍정적인 자기 암시를 하고 자신에게 주문을 거는 것이다. 즉 ‘자기충족적 예언’을 하는 것이다. 미국의 사회심리학자 윌리엄 토머스(William Isaac Thomas)는 상황에 대한 자기 해석이 실제로 이루어진다고 말했다. 즉, 자신이 바라며 기대한 것이 실제가 된다는 것이다.

좋은 일이 생길 거라고 기대하며 말하면 정말 기대 이상의 일이 이루어진다. 부족하지만 지금 잘하고 있으니 내일은 좀 더 나아질 거라고 말해야 할 이유이다. 자기충족적 예언을 통한 나의 긍정적인 말이 긍정적인 성품을 만들어 갈 것이다. 나와 상대에게 너그러워지면 일상에서 생각지도 못한 기적을 경험하게 될 것이다.

실천 팁 자기충족적 예언의 긍정적인 말

실제가 되는 부정적인 말		부정적 암시 · 학습된 무기력
넌 몸이 약해서 안 돼. 넌 못 해.	≫	난 못 하는 애야. 난 할 수 없어.
네가 뭘 하니? 힘들어.	≫	어차피 안 될 거야. 어차피 힘들어.
아무것도 못 했어.	≫	제대로 하는 게 하나도 없어.
시간 낭비했네.	≫	난 시간 사용을 잘 못 하는 사람이다.
금요일은 언제 오지?	≫	지금은 내게 별 의미가 없어.

∨

부정적인 성격

자기충족적 예언의 긍정적인 말
난 해낼 수 있는 사람이야! 해보자.
내게 의외로 힘이 드네. 예전에 잘했으니 다시 해볼까?
이만큼이나 했네. 오늘도 수고 많았다, OO야!
배운 게 참 많아. 꽤 의미 있었어!
내겐 오늘이 소중해. 지금이 좋다!

긍정적인 성격

태도를 바꾸면
말이 바뀐다

　태도는 사람의 됨됨이다. 사람을 대하는 태도는 사람과의 소통을 좌우한다. 처음에 만났을 때 느낌이 아무리 좋더라도 사람에 대한 태도가 좋지 않은 사람은 갈수록 불쾌하다. 시간을 보낼수록 분란을 일으키거나 멀어진다. 태도가 좋은 사람은 기본적으로 사람에 관해 관심이 많다. 배려와 의리가 있다. 적극적으로 관심을 보인다. 드러나지 않게 존중하며 신의를 지킨다.

　태도가 좋다는 것은 어떤 것일까? 한 마디로 사려 깊은 태도이다. 사람을 중요하게 여기는 자세이다. 사람을 배려하고 존중한다. 사람을 중요하게 여기는 긍정적인 태도가 있으면 배려와 존중의 긍정적인 말로 바뀐다. 태도와 가치관이 만나 개인 삶의 우선순위가 정해진다. 사례를 살펴보겠다. 갑자기 몰아친 파도에 튜브를 놓친 A는 바닷물에 묻혔고

대여한 튜브는 떠내려가고 있었다.

　A: 어푸어푸, 살려줘….

　B: 괜찮지? 나가 있어.

A를 대충 건져주고 곧장 튜브를 쫓아가며 B가 말했다.

　A: …….

　B: 너무 멀리 떠내려갔어. 그러니까 왜 위험한 곳까지 갔어? 튜브
　　놓칠 뻔했잖아?

　A: 지금 그깟 튜브가 더 중요해요? 죽을 뻔한 나는 안 보여요?

당신이 A라면 어떨까? 다소 과격한 사례이지만 상황이 다를 뿐 나도
모르게 비슷한 강도의 경우는 없었나 돌아보게 한다. B의 가치관은 물
질 우선주의다. 그에겐 물건이나 돈이 사람보다 더 중요하기에 위와 같
은 반응을 보인 것이다. 물질에 대한 태도가 더 앞서있으므로 물건을
애지중지하느라 사람을 돌볼 겨를이 없다. 사람을 우선하는 태도로 바
뀐다면 어떤 말투로 바뀌는지 적용해 보자.

　▶A: 어푸어푸, 살려 줘….

　B: 괜찮아? 이제 됐어. 날 꼭 잡아.

A를 건져서 부축하며 B가 말한다.

　A: 응, 이제 괜찮아요. 튜브 어떡해요?

　B: 당신이 중요하지. 튜브는 보상하면 돼. 놀랬지? 당신 괜찮으니까
　　다행이야.

　A: 미안해. 파도가 갑자기 와서… 고마워요.

다른 무엇보다 먼저 사람을 중요하게 여기는 태도는 사람을 먼저 살핀다. 배려하는 태도가 기본이기에 존중하는 긍정적인 말로 대화한다. 태도가 긍정적인 사람은 배려가 몸에 배어 있어 우러나온다. 배려를 타고난 사람도 있겠지만 그렇지 않다고 실망할 필요는 없다. 우리는 모두 불완전한 존재이기에 훈련으로 만들어지기도 한다.

긍정적인 태도와 부정적인 태도가 삶과 일에 얼마나 영향을 미치는지에 대한 많은 실험이 있다. 노스캐롤라이나대학교 심리학과 바버라 프레드릭슨 교수의 연구에서 긍정 태도와 부정 태도의 비율을 밝혔다. 그룹의 특성별로 다른 결과를 나타냈다. 성공적인 삶을 사는 사람의 경우 긍정적 태도와 부정적 태도의 비율이 3 대 1 이상이었다. 반면 일반적인 삶을 사는 사람은 그 비율이 약 1 대 1이거나 2 대 1이었다. 행복한 부부의 경우 5 대 1로 나타났다. 회사에서 실적률 달성이 가장 좋은 그룹의 경우 약 6 대 1이라는 비율을 보였다.

실험을 통해 행복과 성공의 삶을 사는 개인과 부부, 기업은 긍정 태도와 부정 태도의 비율이 평균 3 대 1이라는 것을 알 수 있었다. 이를 '번영의 황금 비율'이라고 한다. 개인이든 그룹이든 긍정적인 태도가 긍정적인 결과로 나타남을 알 수 있다. 긍정적인 태도는 긍정적인 말과 습관이 뒤따르고 자신이 원하는 행복한 삶으로 이어진다. 긍정의 결과뿐 아니라 과정에 만족도까지 좌우한다.*

자신의 열악했던 삶의 환경을 오히려 성공의 밑천이라고 말한 마쓰시타 고노스케의 이야기를 보자. 파나소닉 창립자이며 '경영의 신'이라고 불리는 그의 어릴 적 환경은 남달리 좋지 않았다. 그는 몸이 약했으며 아버지의 파산으로 초등학교를 졸업하지 못하고 일하기 시작했다.

"내가 몸이 약하고 못 배우고 가난했던 것이 나의 가장 큰 행복이며 하늘의 은혜였다."

그는 어떻게 이런 말을 할 수 있었을까? 바로 긍정적인 태도 덕분이다. "어릴 적 약한 몸으로 태어난 덕분에 철저한 자기관리를 하였고 그 덕에 90세가 넘어도 건강할 수 있었습니다. 가난 덕분에 남들보다 부지런히 일하고 검소한 태도로 살며 사업에 성공할 수 있었지요. 또한, 초등학교를 다니지 못한 경험 때문에 나는 모든 사람에게 배우며 평생 책을 놓지 않고 많은 독서를 했답니다. 그러니 약함과 가난, 못 배움은 하늘의 커다란 은총이지요. 나를 둘러싼 이 환경 덕분에 지금의 부와 행복을 누리는 내가 있는 것입니다."

그 과정이 왜 힘들지 않았겠는가? 그는 남달랐다. 어려운 시련과 역경의 시간을 탓하거나 원망하고 분풀이하지 않았다. 자신이 처한 환경을 스프링보드 삼아 뛰어올랐고 평범한 사람들보다 더 많은 것을 경험하며 얻을 수 있었다. 그의 말을 잘 들어 보면 반복되는 말이 있다. 바로 '덕분에'이다. 그의 삶과 사람에 대한 긍정적인 태도는 '덕분에'라는 말에 충분히 묻어난다. 그가 기본적으로 부정적인 태도였다면 자기 환경을 한탄하며 분노하고 원망했을 것이다. 그랬다면 '가난 때문에, 약했던 탓에, 못 배웠기 때문에'라고 말했을 것이다.

사람과 삶에 대한 긍정적인 태도는 '덕분에'라는 말로 감사를 고백하게 한다. 감사는 온갖 긍정적인 일들을 눈덩이처럼 만들어 낸다. 내가 처한 상황을 긍정적인 태도로 맞이하는 것은 누구보다 나 자신에게 유익하다. 바뀐 나의 태도 덕분에 습관처럼 긍정의 말이 나오게 될 것이다. 더불어 입에서 흘러나오는 긍정적인 말투 덕분에 더 넓은 긍정의 세상을 맞이하게 될 것이다.

실천팁 긍정적인 태도가 낳는 말

부정적인 태도가 낳는 말	긍정적인 태도가 낳는 말	사람 중심 태도
당신 때문에 피곤한 일을 했어요.	당신 덕분에 즐거운 일이 됐어요!	겸손
당연한 거지 뭐~	감사해요	감사
나 먼저 결정할게요.	당신 먼저 해요~!	배려
그러니까 왜?	놀랬지? 당신 괜찮으니 다행이야!	존중
짜증 나. 소심 좀 하지~	안 다쳤어? 괜찮아?	사람 중심

다르게 바라보면
편견의 말에서 벗어난다

우리는 보고 싶은 대로 보는 경향이 있다. 의도하지 않아도 사람에겐 그런 경향이 있다. 자기가 원하는 대로 보면 보고 있어도 보지 못한다. 자기만의 관점은 고정된 관념이다. 고정관념은 새로운 것을 보는 데 방해가 된다. 볼 수 있어도 못 보고 듣고 있어도 못 듣는 것은 무엇 때문일까? 고정관념 때문이다.

매일의 일상을 새롭게 할 수 있다면 소소한 설렘과 행복을 누릴 수 있을 것이다. 그러기 위해서 다르게 바라보는 것은 제일 중요하다. 내가 늘 바라보던 시선에서 방향을 틀어 다른 각도에서 바라보면 새로운 생각과 다른 말을 가질 수 있다. 누구나 바라보는 자리에서 일어나 새로운 자리로 가서 바라보자. 평범한 것이 특별하게 보이고 특별한 것이 평범하게 보일 수 있다.

다른 각도에서 바라보는 사람의 특징이 있다.

① 대세에 휩쓸리지 않는다

이들은 상황을 다르게 해석하므로 다수로 모이는 의견에 휩쓸려 그냥 흘러가지 않는다. 바라본 대로 생각하고 느낀 다음 소신껏 말한다.

② 다양한 시각을 이해하고 배려한다

자연스럽게 소수의 입장을 이해하고 배려하게 된다. 누구나 하는 생각을 넘어서기에 다양한 시각을 이해하고 배려하는 폭이 넓다. 다른 시각의 소수를 침묵으로 소외시키지 않는다. 다수가 보지 못하는 걸 보고 하지 못하는 말을 하는 소수의 사람을 잘못이라고 단정 짓지 않는다.

③ 다르게 보는 힘이 있다

평범한 것을 특별하게 보며 도드라져 보이는 것을 충분히 그럴 수 있다고 여길 줄 안다. 다른 시각을 수용하고 점검해 보기를 놓치지 않는다. 새로운 생각을 인정하고 늘 해오던 기존의 관습에 의문을 던져본다. 다르게 바라본다는 건 상대의 관점에서 생각하고 상상하는 것이다. 늘 바라보던 대로 본다면 새로운 것을 배척할 것이다.

④ 격려와 희망의 긍정적인 말을 한다

한 사람의 다른 의견을 존중할 줄 알며 타인의 마음을 읽을 줄 안다. 읽을 줄 아니 상대의 마음을 만져주는 말을 한다. 자연히 주변에 사람이 모이고 그의 말을 듣고 싶어 한다.

새로움을 받아들이려면 다각적인 시각이 필요하다. 입체적으로 바라보려면 겉모습과 내면의 안정적인 내 자리에서 과감히 이동하는 의지와 실천을 수반 한다. 다른 각도에서 바라보아 다른 말을 하게 되는 과정을 살펴보자.

① 자리 옮기기

시선을 바꾼다. 다른 사람의 시각에서 생각해 보는 것이다.

'저 사람이라면 어떻게 생각할 수 있을까?'

② 틀 깨기

지금까지 확신하고 있던 개념과 상식의 틀을 깨고 나온다.

③ 반대편에서 변한 자신 마주하기

이제껏 상상하지 못했던 생각과 상식을 만난다.

'내 위주로 생각했을 때와 다르군. 내가 믿는 게 저 사람에게는 비상식적일 수도 있겠다.'

사람에게는 관점의 전환으로 말이 바뀌는 과정을 방해하는 경향성이 있다. 확증 편향(Confirmation bias)은 새로운 생각이 기존에 확신하고 있던 정보와 다르지 않다고 여기는 경향을 말한다. 이것은 새로운 관점을 걸러낸다. 고정관념이나 편견과 통하며 생각의 오류를 범할 수 있는 뿌리이다. 《스마트한 생각들》에서 롤프 도벨리는 워런 버핏의 말을 다음과 같이 인용했다.

"사람들이 가장 잘하는 것은 기존의 견해가 온전하게 유지되도록 새로운 정보를 걸러내는 일이다."

워런 버핏은 확증 편향의 모순을 염두에 두며 늘 자기 생각이 새로워질 수 있게 점검했다. 그의 성공적인 투자가 가능했던 이유이다.

확증 편향에 빠지지 않기 위해서는 다른 생각이 날 때 차단하지 말아야 한다. 나와 상대의 새로운 관점에 대해 관대할 필요가 있다. 영국의 생물학자 찰스 다윈(Charles Darwin)처럼 자신이 주장하는 이론과 반하는 정보들에 더 관심을 기울이는 건 용기가 필요하다. 쉽지 않지만, 자기주장에 의문을 품고 끊임없이 확증 편향을 견제하는 것은 고정관념을 깨는데 필수적이다.

우리는 누구나 불완전하다. 나는 저 사람에게 상대방은 나에게 누구라도 상대적으로 비상식적일 수 있다. 그래서 거꾸로 생각해 보는 게 필요하다. 바로 역발상이다. 역발상은 생각의 전환이다. 전환하는 기회를 통해 시각의 폭이 넓어진다. 선입견에 휘말리지 않고 자기 편견을 알아차릴 수 있다. 이 과정을 거치면 장담하며 말하지 않는다. 당연한 것은 드물다. 당연한 것이라도 당연하게 말하지 않게 된다. 내게는 당연한데 상대로서도 이해가 되는지 다시 살핀다. 다른 각도에서 생각하고 바라보면 사려 깊어진다. 그는 깊고 유연한 말을 가진다.

유연한 말을 하는 사람은 상황과 사람에 대해 전혀 다른 각도에서 해석할 줄 안다. 같은 경험을 하더라도 다르게 바라보는 시선이 있으니 어떻게든 해결할 수 있다는 걸 안다. "지금은 힘든 시기야. 모두가 어려운 이때가 오히려 하나로 뭉칠 기회야. 분열의 위기를 딛고 협력하자."

자신의 가능성을 넓히는 말이다. 다른 해석으로 말이 바뀌었고 전혀 다른 결과로 이어진다.

새로운 관점을 수용하여 다르게 말하는 방법을 소개한다.

① 상반되는 뜻의 말을 배치하는 명명법이다

"어린이는 교사다."

"낮추면 높아진다."

"죽으면 산다."

상반된 말들의 명명화는 관점의 전환으로 새로운 가치를 만든다. 새로운 가치가 필요할 때 자극을 주는 방법이다. 신선한 의미를 창조하여 가치를 만들 수 있다면 계몽의 역할도 가능하다. 캠페인으로도 좋다.

"최고의 엔지니어는 최고의 예술가다."*

스티브 잡스는 역발상의 명명법으로 새로운 의미를 불어넣었다. 흔히 생각하기로 엔지니어와 예술가는 연결성이 희박하다. 엔지니어는 단순한 기술자가 아니라는 말이다. 예술가처럼 감각적이고 예술적 가치가 있는 일을 하는 사람이라고 새롭게 정의했다. 색다른 시선을 통과한 말이다. 이 말을 들은 기술자들은 역할로서의 정체성이 긍정적으로 확립되었을 것이다. 계몽 효과다.

② 다른 시선의 경험을 통해 깨달아 알면 관점이 변하고 그에 따른 말이 나온다

교사를 대상으로 한 집단 상담의 사례이다. 훈육이라는 주제가 무르익어가던 어느 날, 내가 강조했던 핵심 메시지는 '다르게 바라보기'였

다. 입장 바꾸어 몸소 경험할 수 있도록 역할극을 할 때였다.

"쟤 또, 또 저런다. 도대체 왜 못 알아듣지? 일부러 저러나?"

한 집단원이 요즘 들어 힘들다며 자신도 모르게 이런 말이 나온다고
했다. 어느 날 응가를 한 아이가 온갖 주변에 자신의 변을 묻히고 있어
경악했던 상황을 공유했다. 역할극 중 그 교사가 아이 역할을 맡도록
했다. 역할극을 마친 교사는 말했다.

"그 애가 되어보니 어쩌면 자기 변을 치우려고 그랬을 수도 있겠구
나, 라는 생각이 들었어요."

역할극을 통해 아이의 마음을 이해한 의미 있는 순간이었다. 답이 없
다고 여겼던 그 아이가 되어보니 아이의 관점으로 느낄 수 있었다. 다
른 각도의 시선이 다른 말을 낳은 것이다.

"기다려주기 싫어서, 다르게 보고 싶지 않아서 귀를 닫고 있다는 걸
깨달았어요. 내 방식이 옳다는 걸 확인받으려고 근거를 찾기 위해 오늘
여기 왔나 봐요. 이제부터는 새로운 시선으로 봐주고 기다려주는 교사
가 될게요."

다른 사람의 시각에서 바라보면 달리 보이고 다른 말을 하게 된다. 몰
랐던 상대의 입장을 알게 되니 자신의 견고한 고정관념이 부끄러워진
다. 다른 각도에서 바라보면 듣고 싶은 대로 듣고 보고 싶은 것만 보는
것을 예방할 수 있다. 편견에서 벗어나 새롭게 말하면 새로운 가치를
전파하는 유연한 사람이 될 것이다.

실천팁 경직된 말과 유연한 말

편견을 지키는 경직된 말	새로운 관점의 유연한 말
묻지도 말자. 상상해볼 필요 없어.	저 사람이라면 어떻게 느낄까?
어떻게 그럴 수가?	저 사람으로서는 그럴 수도 있지.
내 생각이 당연히 옳아.	내가 틀릴 수도 있어.
내 말을 이해 못 하다니 참 이상해.	내가 먼저 귀 기울여주자.
쟤 또 저런 말 하네. 뻔해.	와, 참신한데….

습관적인 말을 바꾸면
인생이 바뀐다

편한 것은 좋다. 누구든 편한 것을 좋아하며 추구한다. 편하다는 것은 익숙하다는 것이다. 익숙하려면 무한 반복이 필요하다. 돌발 상황에서 자신도 모르게 한 말이 있다면 이미 그 말은 무한 반복으로 습관화된 것이다. 길에서 누군가와 부딪혔을 때 나오는 말이,

"어머나, 깜짝이야."

"앗, 어이쿠."

이 정도라면 양호하다. 그러나 자기도 모르게 튀어나온 말이, "아이씨.", "짜증 나.", "재수 없어!"라는 말이라면 어떤가? 스치는 사이에 조언까지 한다.

"안 보여요? 똑바로 보고 다녀요."

다양한 이유로 그 사람에게 배인 말 습관이다. 상대방은 미안한 마음

이 들었다가도 금세 불쾌해져 시빗거리가 될 수 있다. 튀어나온 한 마디로 인해 자신의 습관화된 말처럼 짜증 나는 일, 재수 없는 일이 반복되는 인생이 될 수도 있다. 안 좋게 여기면 안 좋게 되기 때문이다.

말 습관은 짧은 시간 형성되는 것이 아니다. 말 습관이 만들어지기까지 가족이라는 환경은 큰 영향을 준다. 특히 어릴 적부터 부모의 말을 듣는 것은 그대로 학습되어 자기 말이 되기 쉽다. 말이 대물림되는 것이다. 긍정의 말 습관이든 부정의 말 습관이든 반복되는 말은 어느새 자기 입에 배어 있다.

직접 경험하지 않고 관찰하는 것만으로도 본 것과 같은 방식을 습득한다는 이론이 있다. 심리학자 알버트 반두라(Albert Bandura)가 말한 '모방 학습'이다. 그는 학습된 행동에 보상이 주어지면 그 행동이 더 강화되는 대리 강화에 대해서도 말했다.

어린 딸과의 소통 문제로 상담을 의뢰했던 유나 씨의 사례이다.

아버지: 물 가져와.

어린 유나: …….

어린 유나는 기분이 별로지만 말없이 물을 가져다 드린다.

아버지: 저거 과일.

어린 유나: …….

명령하는 말이 싫어 유나는 반발심이 일어났지만 어쩔 수 없이 참으며 갖다 드린다. 하기 싫지만, 부모이기에 억지로 한다. 유나의 행동은 통명스러울 수밖에 없다. 화기애애한 식탁을 바라지만 식사 분위기는 싸늘하다.

"아빠, 명령하지 말고 부드럽게 말씀해 주실래요? 아직 저도 먹고 있는데 그런 명령하시는 말을 들으면 배려받지 못한 느낌이 들어서 하기 싫어져요. 부드럽게 말씀하시면 즐거운 마음으로 할 수 있을 듯해요."

어린 유나는 이렇게 말하고 싶었지만 단 한 번도 시도하지 못한 채 성인이 되었다. 소통이 차단된 환경에서 평생을 살았기에 자신의 감정을 적절하게 표현하는 방법을 습득하지 못했다. 감정 없이 상대에게 원하는 것을 말하고 감정을 해소하며 상황과 관계가 호전되는 경험을 하지 못했다. 원하지 않고 안타깝지만 자연스러운 흐름이다.

'왜 저렇게 말 하시지? 명령하는 말이 정말 듣기 싫어. 하려고 마음먹었던 것도 하기 싫어져. 무시 받는 느낌이 들어서 명령하는 말은 정말 듣기 싫다. 난 절대 저렇게 말하지 않을 거야. 절대로.'라고 속으로만 다짐하며 산다. 그러나 그토록 싫어하던 말투, 아버지로부터 듣기 싫어 절대 안 하리라 마음먹었던 그 말투가 어느새 자신에게 배어 있음을 깨닫는다.

"지민아, 빨리해. 빨리, 늦는다."

"엄마, 이것만 하고요. 이거 하고 싶단 말이야."

"안 돼. 지금 가야 한다고. 얼른 옷 가져와. 하나, 둘….."

딸의 마음을 배려하지 않고 서두르는 엄마의 말이 강압적이다. '어디서 많이 들었던 말투야.' 엄마가 된 유나 씨는 자기 말 속에서 어릴 적

아버지의 말투를 발견하고 화들짝 놀란다. 아버지와의 소통 문제가 딸에게 대물림되고 있었다.

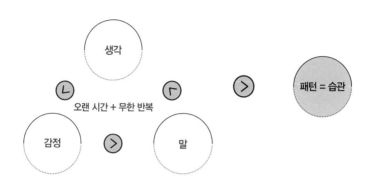

말 습관을 들이기 위한 조건은 오랜 기간 지속하여 그렇게 말하는 거다. 그 말을 하면 생각이 들고 그 생각에 걸맞은 감정이 생긴다. 그 감정에 따른 말이 또 생겨나 서로 나사의 이가 맞물리듯이 패턴이 된다. 이 패턴이 자기의 말 습관으로 자리 잡는다.

일상에서 하는 습관이 행동의 40%를 차지한다는 듀크대학교 연구팀의 논문 발표가 있었다. 말 습관도 다를 바 없다. 아니 말 습관이야말로 더 많은 퍼센트를 차지한다. 말했듯이 말 습관은 말 패턴이기 때문에 비슷한 상황에서 익숙한 대로 비슷한 말을 한다.

누구에게나 자기 말 습관이 있다. 말 습관이 변하기 위해서는 자기 말 습관을 알아야 한다. 그러나 순간순간 자신이 하는 말을 스스로 인식하여 객관적으로 평가하기란 쉽지 않다. 또한 사람은 상대 말에는 단호하면서 자기 말의 결과에 대해서는 관대하다.

셀레스트 헤들리는 《말센스》에서 사람은 자신의 의사소통 대화 기술을 사실보다 높게 평가한다고 말했다. 더욱이 코넬대학교 교수이며 사회심리학자인 데이비드 더닝의 연구 결과는 똑똑한 사람들이 자기 소통 능력을 과대평가한다고 밝혔다. 뛰어난 지적 능력으로 언어 능력이 높다고 해서 대화 능력이 좋은 건 아니다. 지적 능력이 높은 사람은 자기 논리로 상대의 감정을 모르고 지나칠 가능성이 크다. 대화에서 감정은 중요하다. 논리와 사실적 접근으로 감정이 존중되지 않는다면 결코 말을 잘하는 게 아니다. 자신의 말 습관에 젖어 교묘히 자신도 속이며 잘못된 점을 재해석하기 일쑤다.

"아까 그런 일이 있었나요? 몰랐어요. 엄청 바빴거든요."

"아파서 은희 씨는 못 갈 줄 알았어. 배려하느라 말 안 한 건데 말해 줄 걸 그랬나?"

사실은 동료에게 관심이 없고 마음을 헤아리지 않은 거다. 잘못을 절대 인정하지 않는 대부분의 사회 구성원은 자기 실수를 오히려 장점으로 포장한다.

이처럼 현실을 직시하지 못하고 자신을 미화시켜 실체를 잘 알지 못하는 것이 사람이다. 사람의 속성이 이러해서 자기 말 습관을 찾아내고 바꾸는 게 어렵다. 그래도 바꾸기를 선택하는 것이 현명하다. 그 선택 자체가 틀림없이 이롭다.

습관은 후딱 변하지 않는 특성이 있다. 중요한 것은 이 특성이 단점이자 장점이라는 것이다. 좋지 않은 말 습관이 쉽게 변하지 않는 단점이 있지만 한 번 변하면 쭉 오래 가는 장점도 있다. 그러니 말 습관의 장점을 믿고 '변화하기'를 선택하는 건 어떤가? 가능성의 50%나 차지하고 있으니 말이다.

계획한 대로 하지 못했을 때 자책하며 입버릇처럼 하는 말이 있다.

"아, 또 못했어."

"아, 바보 같아."

스스로 하는 말이 자신을 꾸짖는다. 점점 작아지고 정말 아무것도 하지 않은 무기력한 바보가 된 듯한 착각에 빠진다. '안 돼. 못 해.'라고 꾸짖는 말은 뇌에 스트레스 호르몬인 코르티솔을 증가시킨다. 반면 자신을 격려하는 말을 들으면 뇌는 스트레스가 쌓이지 않아 자신의 강점을 더 끌어올리는 말을 할 수 있다.

"이만하면 됐어. 오늘도 수고 많았어."

"잘했어. 잘하고 있어 지금."

이 말을 들은 내 뇌는 기쁘다. 정말 잘한 것이 떠오르고 표정도 살아난다. 무언가를 길들일 때 '당근과 채찍'이 필요하다고 한다. 그러나 말을 바꾸는데 '당근과 채찍'보다 '당근과 당근'이 훨씬 더 효과적이다.˙'당근과 당근'으로 나 자신을 달래자. 달램으로 힘을 얻으면 말이 바뀌고 긍정의 말은 습관화되어 나의 인생을 변화시킨다.

"와, 멋지다! 난 멋져! 정말 멋져 난, 참 멋진걸! 난 멋지다." 어떤 점이 그리 멋진지 이유는 생각지 않고 이 말을 몇십 번 반복해 보았다. 그러자 내 안에 좋은 에너지가 흐르는 것을 느꼈다.° '난 정말 멋져!'라는 말을 반복하며 나의 제스처와 표정이 바뀐 모습을 발견했다. 정말 몸과 마음에 긍정적인 에너지가 커져 있었고 절로 웃는 자신의 모습을 감지할 수 있었다.

　말 습관을 무조건 바꾸라고 강요하고 싶진 않다. 단지 자신의 말 습관에 관해 관심이 생겨 다소 불편함을 느낀다면 바꾸고 싶은 충분한 내적 동기가 발생한 것이다. 이미 자신의 말 습관에 변화가 시작된 것이다. 이는 좋은 징조이다. 습관적으로 하던 말을 스스로 인식했다면 그 어렵다는 '습관 바꾸기'가 시작된 것이다.

　이제 바꾸고자 하는 말에 집중하여 애정을 갖고 오랜 시간 반복할 일만 남았다. 그러면 어느새 말 습관은 원하는 방향으로 바뀌어 있을 것이다. 당신의 인생이 자기도 모르게 반짝반짝 빛나고 있을 것이다.

습관적인 말을 바꾸기

must 당위 말투	형편없어.	>	이만하면 어때서.
	너 겨우 이 정도니?		이 정도면 괜찮아.
	해야만 해.		할 수 있는 만큼만 하자.
가치관 강요 내가 옳아!	절대! 말도 안 돼!	>	그럴 수도 있지~. (포용 · 수용 · 여유)
	어떻게 그럴 수가 있어?		그럴 수 있어(인정)
	그건 원래 그런 거야.		내가 노력해볼게(융화 · 조화)
습관	미치겠다.	>	문제없어!
	어이없네.		사정이 있겠지.
	쉽지가 않아.		일단 해보자!
	미쳤나 봐, 웃긴다.		뇌 구조가 달라.
	짜증 나, 바보 같아.		잘하고 있어.
	할 수 있을까?		못해도 여전히 행복해.
주문 외치기	(눈뜨면 첫 마디) 고맙습니다!		
	잘 될 거야. 잘 해왔고 잘하고 있어.		
	수고 많았어, ○○야.		
	(인사 습관) 다녀왔습니다. 안녕하세요?! 수고 많으십니다.		

당위 · 채찍 · 꼭!	>	기대치 낮추기 · 관대 · 현재 · 나 사랑
가치관 강요 · 비판 · 왜?		포용 · 여유 · 인정조화 · OK!~
습관		새 습관
시무룩 · 함구 · 멍 때리기 · 심각해		주문 외치기

긍정·관대·수용적인 말로 바꿔 말하기 〈수동〉

늘 · 많이   쭉 · 계속

말 습관이 바뀐다 〈자동〉

실제가 된다!

바뀐      인생

원하고, 생각한 대로 사는 나.

말에 마음을 담다

"선생님 말이 계속 남았어요."

상담을 종결한지 1년이 지난 후 민지씨로부터 연락을 받았다. 꼭 만나기를 청해 1년 만에 재회한 그녀는 많이 변해 있었다. 첫 상담을 시작하기도 전 상담을 의뢰하는 통화에서부터 참 많이도 울었던 그녀였다. 그녀의 호소는 자녀를 양육하며 감정 조절이 어려워 느끼는 자괴감에 관한 것이었다.

상담이 진행되면서 양파껍질이 벗겨지듯 하나하나씩 드러난 마음은 한 번도 관심 받지 못해 응어리져 있었다. 오래 참고 묵혀온 감정의 실타래가 가족과 보내온 지금까지의 세월 속에 뒤엉켜 있었다. 그녀는 자신의 심리적 고통이 차고 넘쳐 자기 혼자 담아내기 어려운 상태였다. 스트레스로 인한 감정은 넘쳐서 자녀에게 고스란히 부어졌고 스스로도 놀라 괴로웠다. 제어되지 않는 행동은 자녀에게 2차적 피해로 나타나 감당하기 어려운 자신을 감지하고 SOS를 청했던 것이다. 겉으로 드러난 호소를 위해 내면의 방치되었던 멍 자국을 하나씩 만나는 과정이 필요했다.

"딱 제 마음 같이 말해 주셔서.."

다시 보고 싶었고 1년이 지난 지금의 자기 모습을 꼭 보여주고 싶었다는 그녀의 말에 오히려 내 가슴이 찡했다. 그렇게 기억에 남을만한 말을 하지 않았건만 특별하지 않은 내 말을 가슴에 새겨 새록새록 꺼내본다니 새삼 되돌아보게 한다. 그녀가 아파서 움직일 수 없을 때 그 자리에 함께 앉아 땀을 식히며 같이 했을 뿐이다. 지혈하고 아물 때까지 기다려 주었다. 상처가 아물기 전 가려워져 긁고 싶어할 때 다시 긁어 피나지 않도록 살살 불어주고 멈춤의 시간을 같이 보냈다. 그녀에게는 한 번도 해보지 못했던 받아들여지는 경험이었다.

누군가와 함께 자신에게 관심을 갖기 시작하니 남 탓하던 것을 멈추고 새롭게 움직이기 시작했다. 그녀는 나를 통해 자기 목소리를 들었고 자신이 이미 가진 것을 신뢰하게 되었다. 자신을 알아주고 남을 수용하니 자신이 변했다. 이제는 자녀와 지인들의 고충을 상담해 준다며 환하게 웃는 민지 씨에게 나는 말했다.

"행복을 위한 삶의 우선 순위가 선명하게 느껴져요. 민지 씨와 얘기해 보니 내가 사후 관리받는 느낌이네요."

그 순간 상담가인 내가 수혜자였다. 지극히 평범할지라도 누군가에게 마음을 다해 한 말은 가슴에 새겨져 선명하게 해답을 찾게 한다. 그 말은 상대뿐만 아니라 상대 주변 사람들까지 담아줄 수 있는 생기를 지닌다. 담으면 담을수록 여유가 생겨나 마음의 공간이 깊어진다. 말은 나와 남의 울타리를 뛰어넘어 우리가 생각하지 못한 곳까지 담아준다. 담아주는 말은 확장되어 아무나 하진 못하지만 누구나 지켜지길 원하는 가치를 실현한다. 품이 넉넉한 말의 능력이다.

이를 위해 나는 치열한 경험을 하였고 지금도 그 과정을 겪고 있다. 책을 쓰며 지나간 감정과 생각들을 끄집어내어 바라보고 생생하게 다시 느끼는 작업이 있었기에 쉽지 않았음을 고백한다. 그러나 몰랐던 것을 새롭게 알게 되고 재해석을 통한 변화를 경험하였으니 성장으로 한 계단 더 올라서는 계기가 되었음을 인정한다.

첫째로는 나 자신에 대한 생각이 확장되었다.

묵직한 고통과 설렘을 오갔던 이 과정은 재탐색을 통해 버릴 것과 취할 것을 구분하고 정리하는 계기가 되었다. 다르게 바라보니 가짜라고 생각했던 나의 그림자를 직시하며 진짜 나로 수용할 수 있었다. 그래서 나 자신을 좀 더 존중하는 태도로 얻은 편안한 시간은 나와 더 친밀해지는 기회였다.

둘째 시각의 변화이다.

책에 펼쳐놓은 방법론에 내가 들어갔고 마음으로 용서하니 관계가 풀렸다. 상대의 공격적인 말에 바로 대꾸하지 않는 것은 내가 주도권을 잡는 것이다. 예전엔 '어떻게 저런 말을 해?'라며 속상했던 대화를 제삼자가 본다면 상대의 무례함을 느낄테니 루저(loser)는 상대인 것이다. 더이상 생각나지 않고 마주쳐도 웃어줄 수 있다.

셋째로, 사람들은 어떻게로든 부딪히지 않으려 노력하며 살고 있음을 알게 되었다.

나로선 새롭게 알게 된 사실이다. 대화할 때에도 최대한 상대의 기분을 맞추려 한다는 것이다. 부끄럽지만 몰랐던 것을 알게 된 것은 꽤 의미 있다. 어릴 적 날감정이 오가는 상황에 많이 노출되었다. 부당한 것과 타협해야 하는 이유도 방법도 배운 적이 없었다. 그런 배경으로 불의 앞에서 거침없는 나의 태도와 말에 멋있다며 동경하는 주변인들이 많았다. 어느 면에서 작은 영웅이었다.

그랬던 내가 이만큼 사람답게 살아가고 있는 것은 나의 존경하는 엄마 덕분이다. 국보급 성품을 지니신 엄마는 나의 성숙을 다지는 초석이시다. 클래스(class)가 다른 센스와 세상을 대하는 태도에서는 어떤 힘듦에서도 '기-승-전-명쾌한 해피엔딩'으로의 결론을 배울 수 있었다. 엄마의 세련되고 진정성 있는 소통 능력은 언제나 나를 넉넉히 품어주신다. 또한 무늬만 어른인 나를 받아주고 지켜주는 사랑하는 남편 덕분이다. 온 마음으로 나를 담아주는 남편이 든든하게 함께 해주기에 점점 더 나다움을 되찾고 있다.

누구나 지키고 싶은 가치가 있다. 담아주는 말은 그 가치를 지키게 한다. 내가 실현한 개인적 가치는 삶의 만족감을 높인다. 만족은 여유와 감사를 낳고 남에게 시선을 옮겨 다른 사람의 가치도 소중히 여긴다. 전체는 부분의 합보다 크다는 말이 있다. 나와 당신의 가치가 연결되어 시너지를 낼 때 과연 이루어질까 싶을 정도의 멋진 일이 생긴다.

중요한 것은 어떤 일이든 무엇을 위해 하는 것인지 잊지 않는 것이다. 궁극적인 목적은 언제나 사람이다. 나와 다른 사람들의 가장 인간다움을 지키기 위한 일이라면 최고로 가치 있다. 사람을 존중하고 마음을 담아주는 말은 핵심적인 역할을 할 것이다.

마음을 담는 말을 하기 위해 우리는 모두 변화로의 여정을 함께 걷고 있다. 걷다가 돌에 걸려 넘어지기도 하고 진흙탕을 만날 수도 있다. 예전의 내 말에 걸려 흔들릴 수도 있다. 더이상 변화될 거 같지 않아 실망하고 낙담될 때 나를 일으키는 말이 있다.

"너를 보면 영화 시스터 액트에 나오는 우피 골드버그가 생각난다. 너의 열정으로 얼어붙은 곳에 불을 지피고 흔들어 깨워서 주변을 살리는 걸 보면 말이야."

"언니가 있는 곳은 늘 웃음이 터져 나왔어요. 주변을 활기차게 환기시키던 언니가 그립네요."

"봄날 흩날리는 벚꽃 잎 같아요 선생님은…. 자유로운 영혼이요."

"우와! 어디서 그런 힘이 나오시는지, 밝고 쾌활한 매력이 있어요."

나도 잊고 지내던 나를 상기시켜주는 말이다. '아, 내가 이런 사람이었지, 맞아.' 자신을 다시 믿고 나로 살아가게 하는 말이다. 당신이 힘들고 지칠 때 당신을 다시 기억하게 하고 자기답게 걸어갈 수 있도록 하는 말이 있는가? 어떤 말인가? 기억해 보자.

"활기차고 개성이 강한 소녀, 정기! 넌 어디서든 꼭 필요한 사람이 될 거야!"

중학교 시절 교생선생님이 남겨준 한 마디가 내게 오래도록 메시지로 남았다. 10년 후 대학교 4학년 교생실습 시절, 63명의 우리 반 아이들과 헤어지는 날, 한 명 한 명을 향한 메시지를 담아 손카드와 선물을 건넸다. 내가 그랬던 것처럼 그 애들 중 누군가도 내 말을 기억하고 간직하며 힘들어 넘어질 때 그 말을 꺼내 볼 것이다. 나를 잡아주고 제자리를 찾게 해주는 말은 흘러간다. 나를 살릴 뿐만 아니라 내가 흘려보낸 상대를 살리며 그의 주변 세상을 살린다. 그래서 더 의미 있다. 마치 고요한 호수에 돌 하나를 던졌을 때 점점 커지는 파장은 호수 끝까지 움직임을 일으키는 것처럼. 사람을 온 마음으로 담아주는 말 한 마디는 생명을 지녀, 한 사람이 아닌 주변의 주변까지 멀리 진동을 준다. 살아 있는 언어의 향기를 내는 사람으로 다시 만나자.

부족한 내게 책 출판을 제안해 주신 출판사 대표님과 디자이너선생님께 감사드린다. 바쁜 가운데 흔쾌히 그림으로 함께 해준 일러스트레이터 홍서정님에게 큰 박수와 고마움을 전한다. 자신과 더 친밀해지는 시간이었길 바라며 세상에 자신만의 매력으로 빛을 발하는 출발선이 되길 진심으로 바란다. 대놓고 성숙되는 시간이 필요했을 때 차마 말로다 하지 못하는 것을 글로 표현하며 큰 산을 넘는 이 과정을 마음 다해 함께 해주신 지인들께 진심으로 감사드린다.

사람을 더 알아가도록 통로가 되어준 언니들과 형부들, 조카들 그리고 시부모님께 기쁨의 뿌리가 더욱 견고한 가정이 될 것을 약속드린다. 사람의 가장 품격있고 아름다운 순수함을 여전히 간직하며 80대를 살아가고 계신 사랑하는 나의 부모님, 깊이를 알 수 없는 참 사랑으로 삶의 근간이 되시는 존경하는 아빠 김지영님과 엄마 신차군님께 온 마음으로 깊은 감사와 사랑을 올려드린다. 이 책이 나올 수 있도록 등대이자 닻이 되어준 나의 가장 친한 벗 홍윤기님! 큰 나무처럼 그 자리에서 삶을 함께 버텨주는 나의 남편 홍윤기님, 건강하게 사랑할 줄 아는 진정한 능력자인 나의 남편에게 특별한 감사와 사랑을 전한다.

끝까지 읽으며 성장의 여정을 함께 해준 독자 여러분께 감사드린다. 나와 같이 해피앤딩을 바라보며 현재의 과정을 정성스레 살아가는 당신을 언제나 응원한다. 이 책을 통해 당신이 사람에 대한 따뜻한 시선을 가질 수 있기를 소망한다. 마음을 담는 말로 온전한 소통을 이루길 진심으로 바라는 마음이다.

이미 변화된 당신이 누군가의 마음 속 꺼지지 않는 꿈 한 조각을 꺼내어 용기 있게 하늘 높이 올려보내는 꿈꾸는 언어의 전달자가 되길 바란다. 당신의 말은 누군가를 담아주고 당신은 그 누군가의 꿈을 함께 이루어주는 사람이 될 수 있다. 아름다운 말의 리듬에 몸과 마음을 맡겨 춤추는 삶이 되기를 마음 다해 바라본다.

참고자료

1장

1-1 토니 험프리스(Tony Humphreys) 지음. 윤영상 옮김.《심리학으로 경영하라》. 다산 라이프. 2008.

샘 혼(Sam Horn) 지음. 이상원 옮김.《적을 만들지 않는 대화법》. 갈매나무. 2018.

1-2 롤프 도벨리 지음. 두행숙 옮김.《스마트한 생각들》. 걷는나무. 2012.

namu.wiki/w/편향

1-3 생텍쥐페리(Saint Exupery).《어린 왕자》. 열화당. 1971.

박대령 지음.《사람의 마음을 얻는 심리 대화법》. 대림북스. 2016.

마셜 로젠버그(Marshall B. Rosenburg) 지음. 캐서린 한 옮김.《비폭력 대화》. 한국NVC센터. 2017.

1-4 카타리나 차이틀러 지음. 황택현·김수정 옮김.《그림책이 있는 철학교실》. 시금치. 2014.

SBS 예능프로그램「집사부일체」.

박창선 지음. 브런치 글『신입사원을 위한 직장인 언어 사전 50』. 2019.

1-5 EBS 다큐프라임「킹메이커 2부」.

롤프 도벨리(Rolf Dobelli) 지음.《스마트한 생각들》. 걷는나무. 2012.

슈테판 클라인(Stefan Klein).《안녕하세요, 시간입니다》.

KBS 2TV 오피스 드라마「회사 가기 싫어 _5회. 슈퍼우먼은 없다」.

1-6 제프 올슨(Jeff Olson) 지음.《슬라이트 엣지(Slight Edge)》. SOCCESS. 2015

2장

2-1 사토 도미오 지음. 김정환 옮김.《내뱉고 후회하는 말버릇 바꾸기》. 나라원. 2015.

이지성 지음.《꿈꾸는 다락방》. 차이정원. 2017.

나무위키 https://namu.wiki 애니메이션영화「쿵푸팬더」.

2-2 MBC 다큐멘터리「말의 힘」.

박현일 지음. daum 백과『피그말리온효과』.

미야모토 마유미 지음. 김지윤 옮김.《운을 부르는 부자의 말투》. 포레스트북스. 2019.

2-3 나이토 요시히토 지음. 이정은 옮김.《만만하게 보이지 않는 대화법》. 홍익출판사. 2019.

나이토 요시히토 지음. 김한나 옮김.《말투 하나 바꿨을 뿐인데》. 유노북스. 2017.

2-5 마르코 야코보니 지음. 김미선 옮김.《미러링피플: 세상 모든 관계를 지배하는 뇌의 비밀》. 갤리온. 2009.

2-6 박진영 지음.《결정적 말실수》. 라의눈. 2017.

　　 셀레스트 헤들리(Celeste Headlee) 지음. 김성환 옮김.《말센스》. 스몰빅라이프. 2019.

　　 중도일보. 한세화 기자. 2019.07.29.

　　 스티븐 코비(Stephen R. Covey) 지음.《성공하는 사람들의 7가지 습관》. 김영사. 1994.

2-7 김규회 지음.《법칙으로 통하는 세상 세상으로 통하는 법칙》. 끌리는책. 2015.

　　 오수향 지음.《황금 말투》. 미래의창. 2017.

3장

3-1 나이토 요시히토 지음. 이정은 옮김.《만만하게 보이지 않는 대화법》. 홍익출판사. 2018.

　　 김규회 지음.《법칙으로 통하는 세상 세상으로 통하는 법칙》. 끌리는책. 2015.

3-2 나이토 요시히토 지음. 김한나 옮김.《말투 하나 바꿨을 뿐인데》. 유노북스. 2017.

　　 장차오 지음. 하은지 옮김.《끌리는 말투에는 비밀이 있다》. 미디어숲. 2019.

3-3 박대령 지음.《사람의 마음을 얻는 심리 대화법》. 대림북스. 2016.

　　 김시현 지음. 브런치 글.『비슷한 사람에게 끌리는 이유』. 2017.2.22.

　　 나이토 요시히토 지음. 이정은 옮김.《만만하게 보이지 않는 대화법》. 홍익출판사. 2018.

3-4 정문정 지음.《무례한 사람에게 웃으며 대처하는 법》. 가나출판사. 2018.

3-5 스티븐 코비(Stephen R. Covey)《성공하는 사람들의 7가지 습관》 '성공한 아버지에게 드리는 글'.

　　 SBS 드라마 「낭만닥터 김사부 2」.

3-6 이드id 지음. 브런치 글『상위 30%의 감정 표현법을 터득하자』. 2019. 09.20.

3-7 샘 혼(Sam Horn) 지음. 이상원 옮김.《적을 만들지 않는 대화법》. 갈매나무. 2018.

　　 김범준 지음.《모든 관계는 말투에서 시작된다》. 위즈덤하우스. 2017.

4장

4-1 브레네 브라운(Brene Brown) 지음. 안진이 옮김.《마음 가면: (숨기지 마라, 드러내면 강해진다)》. 더퀘스트. 2016.

마셜 B. 로젠버그 지음. 캐서린 한 옮김.《비폭력 대화》. 한국NVC센터. 2017.

4-2 김권수 지음. 브런치 글.『감정을 대하는 뇌의 비밀』. 2015

마셜 B. 로젠버그 지음. 캐서린 한 옮김.《비폭력 대화》. 한국NVC센터. 2017.

샘 혼(Sam Horn) 지음. 이상원 옮김.《적을 만들지 않는 대화법》. 갈매나무. 2018.

4-5 SeeREAL Life 지음. 브런치 글『꿈그려 DREAM-MYSC 김정태 대표』. 2019.02.07.

4-7 셀레스트 헤들리 지음. 김성환 옮김.《말센스》. 스몰빅라이프. 2019.

셀레스트 헤들리 지음. 김성환 옮김.《말센스》. 스몰빅라이프. 2019.

tvN 드라마『미생』. 2014.

미야모토 마유미 지음. 김지윤 옮김.《운을 부르는 부자의 말투》. 포레스트북스. 2018.

5장

5-1 노턴 저스터(Norton Juster).《점과 선》. 분도출판사. 1982.

마셜 B. 로젠버그 지음. 캐서린 한 옮김.《비폭력 대화》. 한국NVC센터. 2017.

정혜신 지음.《당신이 옳다》. 해냄출판사. 2018.

5-2 김권수 지음.《빅 브레인》. 책들의정원. 2018.

D. 카네기 지음. 정성호 옮김.《효과적인 대화와 인간관계》. 삼일서적. 1988.

로버트 치알디니(Robert Cialdini) 지음. 이현우 옮김.《설득의 심리학》. 21세기북스. 2000.

나이토 요시히토 지음. 김한나 옮김.《말투 하나 바꿨을 뿐인데》. 유노북스. 2017

캔 블랜차드(Ken Blanchard) 지음. 조천제 옮김.《칭찬은 고래도 춤추게 한다》. 21세기북스. 2002.

나이토 요시히토 지음.《말투 하나 바꿨을 뿐인데》. 유노북스. 2017.

5-3 박기혁 외 10명 지음.《청소년이 꼭 알아야 할 과학이슈 11 season 4》. 동아엠앤비. 2016.

네이버 블로그〈위너스터디 https://winnerstudy.blog.me/80104890374〉.『미래의 나는 현재의 나와 같다. 제어장치』. 마일즈 텔러가 주연. 영화『블리드 포 디스(Bleed for This)』. 2017.

제프 올슨(Jeff Olson) 지음.《슬라이트 엣지》. SUCCESS. 2015.

5-5 다음 카페 http://cafe.daum.net〈행복을 만들어가는 사람들의 모임 행복 재테크〉『긍정의 말습관』.

5-6 롤프 도벨리 지음. 두행숙 옮김.《스마트한 생각들》. 걷는나무. 2012.

우메다 사토시 지음. 뉴나현 옮김.《말이 무기다》. 비즈니스북스. 2017.

5-7 셀레스트 헤들리 지음. 김성환 옮김.《말센스》. 스몰빅라이프. 2019.

오시마 노부요리 지음. 장은주 옮김.《말투 하나로 의외로 잘 되기 시작했다》. 위즈덤하우스. 2019.

미야모토 마유미 지음. 김지윤 옮김.《운을 부르는 부자의 말투》. 포레스트북스. 2018.

기타 참고자료

오시마 노부요리 지음. 장은주 옮김.《말투 하나로 의외로 잘 되기 시작했다》. 위즈덤하우스. 2019.

정문정 지음.《무례한 사람에게 웃으며 대처하는 법》. 가나출판사. 2018.

김현아 지음.《사람을 얻는 대화》. 레몬북스. 2016.

사이토 이사무 지음. 이유영 옮김.《마음을 사로잡는 대화법》. 시아. 2018.

김영돈 지음.《말주변이 없어도 대화 잘하는 법》. 다연. 2016.

장차오 지음. 하은지 옮김.《끌리는 말투에는 비밀이 있다. 미디어숲. 2019.

릴리안 글래스 지음. 이은희 옮김.《당신이 무슨 생각을 하는지 알고 있다》. 큰나무. 2017.

임철웅 지음.《마음을 훔치는 대화법》. 42 MEDIA CONTENTS. 2016.

하코다 타다아키 지음. 안양동 옮김.《공감실전화술》. 리텍콘텐츠. 2015.

나이토 요시히토 지음. 이소담 옮김.《궁극의 독심술》. 아라크네. 2018.

김옥림 지음.《너, 무슨 말을 그렇게 해?》 팬덤북스. 2017.

최성애 지음.《회복탄력성》. 해냄출판사. 2014.

마크 맨슨 지음. 한재호 옮김.《신경끄기의 기술》. 갤리온. 2017.

래리 크랩 지음. 윤난영 옮김.《내 영혼은 이런 대화를 원한다》. 사랑플러스. 2004.

김주환 지음.《회복탄력성》. 위즈덤하우스. 2019.

조던 B. 피터슨 지음. 강주헌 옮김.《12가지 인생의 법칙》. 메이븐. 2018.

데일 카네기 지음. 손풍삼 옮김.《인생은 행동이다》. 고려원. 1992.

문동현 외 3명 지음.《감각의 제국》. 생각의길. 2016.

샘 혼 지음. 이상원 옮김.《함부로 말하는 사람과 대화하는 법》. 갈매나무. 2015.

데일 카네기 지음. 이경남 옮김.《사람을 움직이는 기술-카네기 인간관계론》. 문장. 2018.

고코로야 진노스케 지음. 김한나 옮김.《나한테 왜 그래요?》 유노북스. 2017.

간바 와타루 지음. 백은실 옮김.《대화의 심리》스테디북. 2005.

최찬훈 지음.《관계 대화》. 유노북스. 2015.

리웨이원 지음. 김락준 옮김.《하버드 말하기 수업》. 가나출판사. 2015.

질 해슨 지음. 황희창 옮김.《필 해도 되는 사람》. 유노북스. 2017.

최장순 지음.《기획자의 습관》. 홍익출판사. 2018.

류쉬안 지음. 원녕경 옮김.《심리학이 이렇게 쓸모 있을 줄이야》. 다연. 2019.

샘 혼 지음. 이상원 옮김.《Intrigue_사람들은 왜 그 한마디에 꽂히는가》. 갈매나무. 2015.

도다 구미 지음. 이정환 옮김.《아들러식 대화법》. 나무생각. 2015.

최찬훈 지음.《밀턴에릭슨의 우회 대화법》. 유노북스. 2016.

하코다 타다아키 지음. 안양동 옮김.《잘 먹히는 공감 실전화술》. 리텍콘텐츠. 2015.

김윤나 지음.《말그릇》. 카시오페아. 2017.

정혜신 지음.《당신이 옳다》. 해냄출판사. 2018.

참 괜찮은 말;
마음을 담다

1판 1쇄 인쇄 | 2020년 7월 28일
1판 1쇄 발행 | 2020년 8월 03일

지은이 | 김정기
펴낸이 | 김경배
펴낸곳 | 시간여행
디자인 | 디자인[연:우]
등   록 | 제313-210-125호 (2010년 4월 28일)
주   소 | 경기도 고양시 덕양구 지도로 84, 5층 506호(토당동, 영빌딩)
전   화 | 070-4350-2269
이메일 | jisubala@hanmail.net

종 이 | 화인페이퍼
인 쇄 | 한영문화사

ISBN 979-11-90301-07-7 (13180)

이 도서의 국립중앙도서관 출판예정도서목록(CIP)은
서지정보유통지원시스템 홈페이지(http://seoji.nl.go.kr)와
국가자료종합목록 구축시스템(http://kolis-net.nl.go.kr)에서 이용하실 수 있습니다.
(CIP제어번호 : CIP2020030681)